LA VÉRITÉ

SUR

L'AFFAIRE CHAPELANT

par le Général L. DIDIER

PRIX : 7 fr. 50

1928
IMPRIMERIE «JEANNE D'ARC», 6, BOULEVARD MARCEAU
ORAN

LA VÉRITÉ
SUR L'AFFAIRE CHAPELANT

par le Général L. DIDIER

LA VÉRITÉ
SUR L'AFFAIRE CHAPELANT

par le Général L. DIDIER

PRÉFACE.

I. -- CORRESPONDANCE, DÉCISIONS ET ARRÊTS.

II. -- RÉFUTATION DE L'OPUSCULE GUERNUT.

III. -- PROJET DE DÉPOSITION S'IL Y AVAIT EU
RÉVISION PUBLIQUE.

La Partie Sud du Village des Loges et le Château

A. Château.

B. Maisonnette (pavillon de chasse) Détail du Rez-de-Chaussée de B. (Au 1er il y avait 3 chambres sur 1. 2. 4 avec un palier sur 3.) — 1 Téléphone, 2 Chambres du *Commandant Gaube*, 4 Bureau salle à manger, 5 Garde de police, 6, Cuisine vitrée, 7 entrée de la cave, 8 W. C. — o Cheminée. E escalier du premier.

C. 9 Bibliothèque, 10 Remise (*Poste de Secours*), 11 Chambres, (Logement de mes hommes : il y avait un premier.

D. 12 Elément de Réserve puis groupe franc.) 13 Ecurie (nos chevaux), 14 et chambres au premier, (logement de mes hommes).

E. Section de mitrailleuses Burnichon.

F. Barricade.

G. 1/2 Section de défense de la barricade (position d'attente).

H. Garde de police le 5 octobre.

Général DIDIER (*Affaire Chapelant.*)

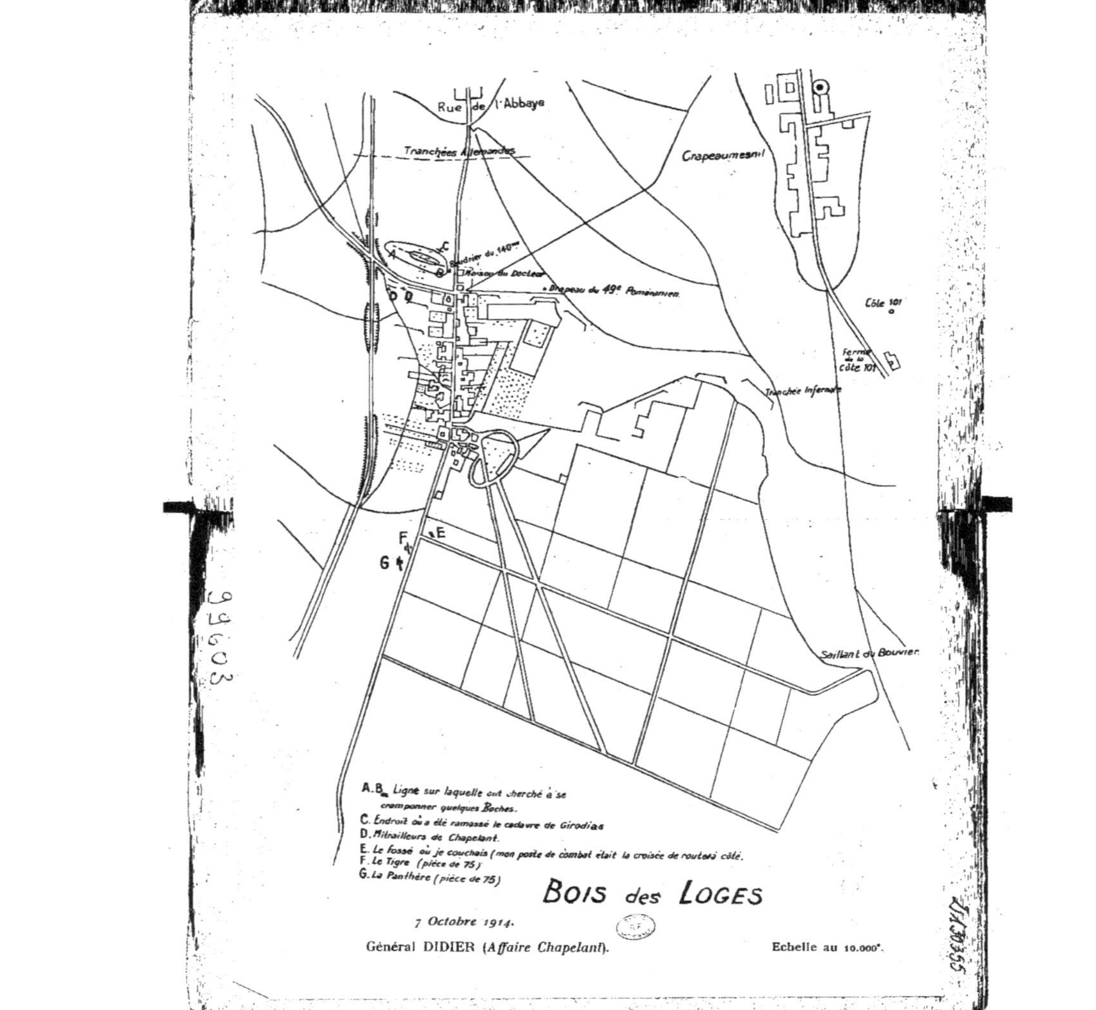

BOIS des LOGES

7 Octobre 1914.

Général DIDIER (Affaire Chapelant).

Echelle au 10.000e.

PRÉFACE

—×—

Victime depuis douze ans d'une odieuse campagne de calomnie et de diffamation, le Général Didier a subi, durant ces douze longues années, la peine la plus cruelle que l'on puisse infliger à un homme de cœur : l'obligation du silence. Tenir en main de quoi confondre ses accusateurs, savoir qu'on peut, d'un mot, chasser la meute hurlante qui vous entoure, et se taire : je ne connais pas de sacrifice qui atteigne à la grandeur de celui-là.

Mon Général, mon cher ami, en tête de ce volume de justice et de réparation, je veux vous répéter ce que je vous ai dit tant de fois : votre patience, votre sang froid, votre abnégation, votre sublime conception de la discipline militaire, me remplissent d'une admiration sans bornes. Les caractères comme le vôtre, je croyais qu'on les rencontrait seulement dans le passé — grâce à la complaisance des historiens —, et j'ai été à la fois confondu et ravi d'en découvrir un auprès de moi, dans l'homme de bonté et d'intelligente simplicité que vous êtes. Ne vous récriez pas, je vous prie ; il ne saurait être ici question de modestie. Laissez-moi remplir ma tâche, qui est d'opposer votre figure réelle au fantoche sculpté par Guernut dans la chair d'un marron d'Inde ; après, vous ferez votre œuvre, qui est d'étaler à tous les yeux les pièces du procès.

o
o o

Je connais le Général Didier et je m'honore d'être son ami depuis sept ans. Lorsque parut le pamphlet de Guernut, je publiai, dans la petite revue « Oran », que je dirige, un article où je disais en substance : « Ce bouquin à tendances antimilitaristes est une magnifique apologie de l'armée ! Quoi ! dans le désarroi de la guerre, sous la menace de l'ennemi, avec cette crainte affolante d'une rupture possible de nos lignes, dont devaient être hantés tous les chefs, sur des milliers d'attaques et des millions de faits, on n'a pu relever qu'une douzaine d'erreurs ? Plût à Dieu que la justice civile pût se flatter d'un pareil pourcentage ! Sur les douze apôtres du Christ, il y eut un traître ; que l'on compte huit ou dix bandits seulement dans toute l'armée française, je trouve cela merveilleux. »

Bien entendu, je ne mettais pas un instant en doute l'exactitude des faits rapportés.

Je reçus, dès le lendemain, la visite du général Didier :

— Eh bien ! vous êtes gentil ! me dit-il.

— A quel propos cette observation ?

4

— Mais, à propos de votre papier sur les « Crimes des Conseils de Guerre ! »

— Ah diantre ! le Didier dont on parle là-dedans serait un de vos parents ?

— C'est moi-même, mon cher !

— Quoi ! la brute avinée, le fusilleur, l'insulteur de cadavres ? Mais c'est fou !

— Dites que c'est infâme ! Je vous apporte d'ailleurs tous les papelards qui ont trait à l'affaire Chapelant, afin que vous soyez complètement édifié.

— Croyez que je n'en ai aucun besoin !

— N'importe, j'y tiens.

— Mais vous allez protester ?

— Hélas ! l'armée, vous le savez, est la « Grande Muette » ; elle doit encaisser sans se plaindre et sans riposter, et c'est ce qui encourage les lâches à taper dessus. Lisez plutôt cette note.

Et le Général me tendit une lettre signée du Chef de Cabinet de M. Painlevé, ministre de la guerre, qui le priait de garder le silence jusqu'à ce que la Cour de Cassation se fut prononcée.

*
* *

La Cour de Cassation, toutes Chambres réunies, vient de statuer sur l'affaire Chapelant; le Général Didier a donc enfin l'autorisation de parler, et son devoir le plus absolu est, à présent, d'établir publiquement et définitivement la vérité. Il le doit à l'Armée française, insultée dans un de ses chefs, il le doit à son honneur de soldat, il le doit à sa famille, il le doit à ses amis. Il le doit au pays tout entier. Le pays a le droit de savoir : il portera un jugement sévère, et contre ceux qui ont essayé de le tromper, et contre ceux qui ont abrité leurs fautes ou leurs faiblesses derrière un officier dont la franchise, la loyauté, la droiture, l'esprit de discipline leur assuraient le silence.

*
* *

Avant d'aborder les documents qui vont suivre, je voudrais que l'on connut bien la personne de celui qui les a réunis. Je pourrais détailler ses états de services, faire l'historique de sa carrière, dire qu'il appartient à la religion réformée, que, doué d'un esprit extrêmement actif et curieux de toutes choses, il s'est particulièrement occupé d'histoire et d'archéologie ; on soupçonnerait peut-être mon amitié d'embellir le modèle. Je préfère, suivant en cela l'exemple même du Général Didier, dans sa défense, m'en remettre au témoignage des faits...

Lettre du Capitaine Debenedetti de Clermont-Ferrand au Colonel Didier.

7 Novembre 1914.

Mon Colonel,

Je viens vous prier d'agréer l'expression de ma bien vive admiration, au sujet de la belle citation à l'Ordre de l'Armée dont vous êtes l'objet. Elle n'a pas étonné tous ceux qui ont pu vous approcher depuis la mobilisation, car vous savez communiquer à tous, votre entrain, votre ardeur et votre indomptable courage. Je ne doute pas que, sous votre habile direction, le 98e continue à faire de belles choses.

Je compte rejoindre le front dans le courant de la semaine prochaine. Ma jambe continue à me faire souffrir ; mais j'ai hâte de reprendre ma place dans le rang.

Veuillez croire, mon Colonel, à l'assurance de mes sentiments respectueux et dévoués.

Signé : « DEBENEDETTI ».

Lettre du soldat Poirier de la Cie H. R. du 98e d'Infanterie à Madame Didier.

Aux Armées, 29 Juin 1915.

Madame,

J'ai été très heureux d'apprendre que mon modeste envoi vous était parvenu et que j'avais réalisé mon désir qui était de vous être agréable. Laissez moi vous remercier, Madame, du joli souvenir que vous m'avez adressé et permettez-moi de vous dire que vous m'avez gâté.

Presque tous, en effet, au 98e nous fumons beaucoup et principalement la pipe ; c'est pour ainsi dire notre unique distraction et on ne peut s'imaginer la valeur inestimable qu'attache un « poilu » à sa pipe. Elle a été notre fidèle compagne aux heures critiques, aux heures où malgré notre courage nous songions, avec quelque tristesse parfois, à nos familles absentes, et elle nous aidera de même à supporter vaillamment les longues journées d'épreuves qui nous séparent encore de la victoire finale.

Croyez bien, Madame, que de tous les souvenirs que me laissera cette guerre, le plus vivace, et qui me rappellera bien souvent votre délicate attention, sera celui de notre Colonel que nous vénérons tous comme un chef éminent et paternel en qui tous ses « poilus » ont la plus grande confiance, et notre grande préoccupation de tous ces jours est la crainte de le voir nous quitter.

En vous remerciant, une fois de plus, pour le grand plaisir que vous m'avez fait, je vous présente, Madame, mes salutations très respectueuses.

Signé : « POIRIER ».

Lettre de Mme Jeanne Bouchet, demeurant rue des Fossés Saint Pourçain (Allier), au Colonel Didier.

30 Juin 1915.

Monsieur, Bien cher Colonel,

Je vous demande pardon si aujourd'hui je me permets une aussi grande latitude ! Mais ne sachant à qui m'adresser si ce n'est à vous et à votre ingénieuse charité. Mais connaissant déjà votre grand cœur qui saura, j'en ai la douce confiance, me donner plaisir aux renseignements demandés.

Bien cher Colonel vous avez dans votre compagnie le nommé soldat Bouchet Jean Marie et par voix indirecte qui m'annonce, si j'ose en croire l'heureuse nouvelle, que le simple soldat Bouchet J. M. vient d'être décoré de la Croix de guerre ! A l'heure actuelle c'est sa pauvre tante qui ne fait que l'encourager à faire son devoir de fier soldat. Vous pouvez vous en rendre compte par ses correspondances que je ne fais que l'exhorter aux devoirs ! Mieux j'aimerais, bien cher Colonel, apprendre qu'il a été victime de son devoir que d'apprendre qu'il a fléchi d'un pas en arrière, car à ma vue, c'est le mouvement d'un *lâche*. Mais je suis consolée par cette douce espérance qu'il aime beaucoup son Colonel et par votre expérience sur son état. Vous en ferez tout même les aventures périlleuses...

Je n'ai pas une de ses correspondances sans qu'elle soit accompagnée du nom du Colonel en avant, pauvre enfant qu'il accomplisse son devoir c'est mon grand élan.

Je ne voudrais pourtant pas, bien cher Colonel, vous donner un surcroit d'écriture car votre tâche est tellement employée ! mais je vous serais amplement reconnaissante que par votre main me vienne la vérité.

Recevez, Monsieur, bien cher Colonel, l'hommage de mon plus profond respect et de ma vive gratitude.

Signé : « JEANNE BOUCHET ».

Lettre de Mme Jeanne Bouchet, au Colonel Didier.

Saint Pourçain, 22 Juillet 1915.

Mon bien cher Colonel,

En ma qualité de mère adoptive d'un de vos soldats, je prends la liberté de me rappeler à vous ; je tiens à vous exprimer, Bon et cher Colonel, mes sentiments de gratitude profonde pour la distinction dont mon pauvre neveu a été l'objet. J'aurais voulu vous dire combien j'ai eu de bonheur à recevoir dans le même temps, la décoration de la Croix de guerre dont mon pauvre neveu me faisait la déposition. Cette joie a été accrue par le retour inopiné de mon soldat ; sa gaîté, sa parfaite santé m'ont surpris ; lui-même assure que durant de longs mois il ne s'est jamais senti démoralisé. Après ses quelques jours passés à revoir les lieux et les êtres qui lui sont chers, il est reparti heureux et fier de remplir jusqu'au bout son devoir de soldat et de vaillant Français.

Mon neveu m'a confié, mon cher Colonel, que, sur les lignes de la défense où il va bientôt reprendre sa place, il n'entendra plus la voix de celui qui, à l'heure du danger, savait si bien entretenir le courage de ses troupes ; nous étions tous ses enfants, me disait-il, et il m'a appris le changement de son cher Colonel promu général ! ! !

Permettez à une pauvre infirme de vous adresser mes compliments avec mes regrets sincères ; pour mon soldat, j'ai eu beaucoup de peine à le raisonner car, me disait-il, je veux suivre mon père Didier. Oui, bien cher Colonel, que de nuits sans sommeil à la pensée qu'il se laisse entrainer à manquer à son devoir car, mieux que moi, vous connaissez vos sujets ; pauvre enfant a-t-il du chagrin !

Aussi en échange je lui ai promis en l'accompagnant à Moulins de vous transmettre ses ennuis et ses pleurs que votre grande, inépuisable et inlassable bonté jetterait, toujours, une parole d'encouragement.

Aussi la Divine Providence m'a-t-elle donné en vous, une **consolation** : Nous qui attendons confiants, la victoire de la France en ses chefs :

Recevez, mon bien cher Colonel, l'hommage de mon profond respect et de ma très sincère gratitude.

> **Signé** : « JEANNE BOUCHET,
> demeurant rue des Fossés Saint Pourçain (Allier) ».

Lettre de Laffay J. B. du 98° régiment d'infanterie au Colonel Didier.

13 Juillet 1915.

Mon Colonel,

Excusez-moi de la liberté que je prends de vous écrire, mais je le dois.

Me trouvant à Conchy et votre départ ayant été précipité, je n'ai pu vous présenter mes respects.

Malgré cela je n'oublie pas ce que je vous dois, le contraire prouverait que je suis un ingrat.

Je ne suis pas bon en discours mais permettez à un petit soldat qui vous a été tout dévoué à votre ancien régiment de venir vous remercier de ce que vous avez fait pour moi.

Je n'oublierai jamais notre colonel Didier qui était non seulement un chef, mais un père pour ses soldats.

Croyez mon Colonel que mon grand désir est de vous voir un jour occuper la place que vous avez aussi bien méritée.

Avec tous mes remerciements et l'assurance de mon entière reconnaissance, veuillez agréer, mon Colonel, mes respectueuses salutations.

> **Signé** : « LAFFAY J. B. »

Lettre du Lieutenant-Colonel Hebmann, commandant le 201° régiment, au colonel Didier.

15 Juillet 1915.

Mon Colonel,

Les journaux m'apprennent que vous venez de recevoir la rosette d'officier de la Légion d'Honneur.

Permettez moi de vous adresser mes bien vives félicitations. C'est une récompense méritée, à laquelle applaudiront tous ceux qui vous connaissent.

Je revis par la pensée, avec un plaisir toujours le même, la période pendant laquelle j'ai été sous votre commandement et au bois des Loges. Les 4 mois passés au 98° sous les ordres d'un chef bienveillant, entouré de bons camarades, resteront toujous un beau souvenir dans mon existence militaire.

. . . .

Veuillez recevoir vous même, mon Colonel, avec encore toutes mes félicitations, l'expression de mes sentiments de respectueux dévouement.

> **Signé** : «HEBMANN ».

Lettre du Médecin-Inspecteur Sebillon, Directeur du Service de Santé de la 1re Région, au Général Didier.

Lille, le 21 Avril 1924.

Mon cher Didier,

Si mes souvenirs sont très précis en ce qui vous concerne particulièrement, ils le sont moins vis-à-vis de l'Affaire Chapelant que je n'ai connue un peu que par ouï-dire, *n'ayant jamais été saisi officiellement de cette question* et ayant appris comme tout le monde, et suivant une version unique, la défection, la condamnation à mort et l'exécution de Chapelant.

Nous étions, je crois, à Conchy-les-Pots à ce moment et, je vous le redis, au milieu des préoccupations multiples et *souvent angoissantes* de la situation, je n'ai prêté qu'une attention relative à cette affaire.

De même pour le Docteur Guichard, qui m'est resté totalement inconnu — je ne crois pas qu'il figure sur le carnet de route. Il faudrait pour cela écrire au médecin-chef de l'ambulance. Mais laquelle ?

Peut être le médecin principal Arnavielhe (Médecin Chef du centre spécial de réforme à Mont de Marsan) ou le médecin-major Liégeois (Armée Française du Rhin) qui étaient sur place (Bois des Loges, je crois) pourraient vous donner quelques renseignements.

Je ne puis donc vous dire en réponse à votre première et votre deuxième question si Chapelant a été examiné à l'ambulance et ce qu'était Guichard.

Quant à vous et en réponse à votre troisième question, je ne puis que vous confirmer mes précisions personnelles.

Bon : brave, énergique (surtout à un moment où il fallait combattre toutes les défaillances de l'heure). Partout où je vous ai rencontré, que ce soit après la retraite de Sarrebourg, alors que l'on tenait difficilement les lignes de la Mortagne et que votre P. C. installé sous le tablier de la ligne de Gerbévillers était arrosé copieusement, que ce soit devant Lassigny, ou au bois des Loges, je puis dire sincèrement que tous ceux qui vous connaissent ont admiré votre conduite énergique et brave. Le bois des Loges n'était pas facile à tenir — *vous y êtes resté* — et, dans le milieu où je vivais à ce moment, on était tranquille quand on savait que « *Didier était là* ».

Que vous soyez nerveux, c'est possible. Mais je connais des gens qui le sont plus que vous et qui sont arrivés à des situations encore plus élevées.

Quant au reproche « d'alcoolisme, d'ivrognerie, de névrose, de folie », ce ne sont que de basses injures de gens qui, sans doute, ne trouvent pas autre chose ! ! !

Je me hâte de vous renvoyer tout le dossier, m'excusant de ne pas l'avoir fait plus rapidement : mais j'étais en voyage d'inspection et j'avais des recherches à effectuer.

Bien cordialement à vous :

Signé : « SEBILLON ».

30, Avenue Rapp, 30

Sur Rendez-vous

Saxe 47-17

Paris, le 12 Avril 1921.

Mon Général,

J'ai été affolé par votre volumineux dossier.

Faut pas vous en faire pour les insultes. Vous me disiez un jour le pro- verbe arabe « les chiens aboient, la caravane passe ». C'est vous et votre splendide famille la caravane.

En ce qui me concerne, usez de moi et de mon témoignage et de mes lettres, tant qu'il vous plaira ; comme j'y ai toujours dit la vérité, je ne redoute rien. Qui sont ces Lapierre, Pardon et Perrachon ? ce dernier est-il un des musi- ciens brancardiers ? Qu'est-ce qu'il vient faire là-dedans ?

Si vous poursuivez et que mon témoignage médical vous soit nécessaire, comme le secret professionnel n'existe pas en médecine militaire faites moi

citer parce que si vo're mère, vous, êtes Parkinsoniens et que vos enfants peuvent l'être, ce n'est point une raison pour que vous soyez ivrogne, alcoolique, névrosé.

Magnin votre ancien cuistot aussi bien placé que moi qui vivais avec vous pour juger cela,

Arcuset l'ancien officier de détails,

l'énergique Recouvreur,

Penon le bouif de la C. H. R.

Georges, le caporal muletier,

seraient des témoins de votre sévérité (ne le fallait-il pas et ne m'avez-vous point attrapé comme les camarades), mais aussi de votre bonté, de votre justice et de votre souci de l'intérêt général (ex. l'histoire du pain moisi, l'aventure de M. H. et tant d'autres).

Je rentre de voyage, vous écris au galop, vais lire vos papelards et reste toujours votre affectionné.

Signé : « MENETREL ». (1)

Le capitaine Clerc du 36ᵉ régiment d'artillerie, à M. le Général Didier.

Moulins, le 3 Janvier 1922.

Mon Général,

J'ai lu avec un grand intérêt l'extrait de vos carnets de route que je reconnais exact sur tous les points où nous nous sommes trouvés ensemble.

Je me rappelle les heures tragiques vécues au bois des Loges avec le 98ᵉ R. I. au moment où les Boches voulaient l'enlever à tout prix pour continuer la marche sur Paris.

A mon avis, il est inutile de rappeler la part que vous avez prise à cette défense, qui, par votre bravoure, votre ténacité et votre énergie, a arrêté net l'avance de l'ennemi, la citation qui vous a été donnée à la suite de ces opé- rations en étant la preuve la plus indiscutable.

____

(1) Ancien médecin chef du 372ᵉ.

10

Quant à l'affaire Chapelant, je ne l'ai connue que pour en avoir entendu parler par vous à ce moment-là, par les officiers et les hommes du 98°. Je n'ai pris aucun parti dáns cette affaire et de ce que j'en ai su, j'ai considéré que la condamnation de cet officier, si pénible qu'elle puisse être, était juste et nécessaire pour la discipline dans ces heures critiques.

Je me rappelle avoir parlé à l'Abbé Lestrade le jour ou peut-être la veille de l'exécution.

Il me dit : « Je vais voir ce malheureux Chapelant, je voudrais voir encore le Colonel Didier pour voir s'il ne serait pas possible, du moment qu'il ne peut pas se tenir debout, de surseoir à son exécution ».

Je ne l'ai pas revu à son retour et comme tout le monde j'ai su que Chapelant avait été fusillé sur un brancard.

Nous étions, le capitaine Faure et moi, très occupés avec nos deux pièces qui avaient des objectifs différents et qui faisaient l'office de deux batteries d'une pièce chacune. Je peux cependant préciser quelques points dont votre carnet ne fait pas mention :

C'est le 4 Octobre que nous avons mis nos deux pièces en position en lisière de la route un peu en arrière de votre P. C. qui, à ce moment, était, sur le talus de la route, au carrefour de l'allée du Bois des Loges. Nous avons commencé à coucher sur la position à partir du 5 Octobre. Comme nous étions sans vivres, nous voulions aller retrouver le groupe au cantonnement, vous n'avez pas voulu et vous nous avez fait partager votre repas de circonstance. C'est cette nuit là que les Boches ont pris Bouvraignes et ont mis notre position en pointe.

6 Octobre. - Nous commençons le tir à 3 heures 1/2 du matin ; dans la journée nous tirons par intermittence une partie de la journée dans la zône qui nous est affectée.

Dans la nuit du 6 au 7 l'ennemi est très surexcité. Nous tirons de temps en temps pour soutenir notre infanterie et faire constater à nos fantassins que, contrairement aux habitudes antérieures, nous sommes restés sur la position pour les soutenir au premier appel.

7 Octobre. — Dans la journée, vous êtes venu à la batterie en pleurant et en nous disant : « un gros malheur m'arrive. 1 Sous-Lieutenant et 1 Sergent-Major sont partis av. c leurs hommes se rendre à l'ennemi ; moi qui voulais faire décorer mon drapeau, le voilà déshonoré. Ils sont actuellement devant rue de l'Abbaye. Je crains que ces lâches donnent des renseignements sur nous. Tirez dessus ! » Nous avons tiré quelques obus. Nous apprenons par la suite que ce serait le sergent-major Girodiaz qui aurait entrainé les hommes et que le sous-lieutenant Chapelant, caractère faible, avec qui il était sous-officier peu de temps avant, n'aurait pas eu l'énergie de lui résister.

Je n'ai pas connu le sous-lieutenant Chapelant et je ne l'ai pas vu, ni avant, ni après sa mort.

J'ai vu le cadavre du sergent-major Girodiaz. Il a été enterré dans la fosse commune le long de la route en face du château des Loges.

Je me rappelle qu'un jour (dans les journées du 5 au 8 Octobre), je vous ai vu à votre P. C., un peu en avant de notre première pièce, avec d'autres officiers (Commandant Gaube, Capitaine Raoux, etc...). Un agent de liaison d'une compagnie qui tenait la lisière N. Est du Bois des Loges est venu vous dire que, sous le marmitage de gros calibre, la position était intenable et que cette troupe allait être obligée de se replier.

Devant moi, vous avez répondu :

« Interdiction formelle à qui que ce soit de se replier, il faut mourir sur place plutôt que de céder du terrain. Tout officier qui sans ordre se repliera passera en Conseil de Guerre. Prévenez que je suis ici à mon P. C., sur la route, où on me trouvera pour me rendre compte de ce qui se passe ».

Vous dites au Commandant Gaube : « Inutile de nous entasser ici où nous pourrions être tués tous par la même marmite, écartez-vous et abritez-vous ».

Le Commandant Gaube vous répondit : « Nous ne vous quitterons pas et s'il le faut nous subirons votre sort ».

Dans les mêmes journées, probablement le 8 Octobre, vous êtes venu vers les 2 pièces de la 6° Batterie ; j'ai compris à votre mine que le moment était grave. Vous avez dit aux hommes des deux pièces : « Les Boches veulent absolument prendre le Bois des Loges, promettez-moi de ne pas abandonner vos pièces et de subir le sort du 98°, vous êtes ici pour soutenir le moral du 98°, tant pis si vos pièces sont perdues, si vous partiez le 98° ne tiendrait pas ; si les Boches arrivent jusqu'à vos pièces, continuez à tirer à bout portant et défendez-vous jusqu'au bout ».

L'un d'eux, (canonnier Perrot, mort en 1918 au Champ d'Honneur) répondit : « Mon Colonel, nous nous rendons bien compte que la situation est critique, mais nous nous défendrons jusqu'au bout et nous ne vous abandonnerons pas. Nous avons fait le sacrifice de notre vie ».

Vous lui avez répondu : « Tu es un brave », et vous lui avez serré la main, puis, vous tournant vers les autres : « Vous êtes tous des braves» ; vous leur avez serré la main à tous en disant : « Je compte sur vous ».

Signé : « CLERC ».

Ordre d'adieux du Général Didier.

Oran, 3 Octobre 1925.

ORDRE DE LA DIVISION

Officiers, Sous-Officiers, Caporaux ou Brigadiers, Zouaves, Tirailleurs, Légionnaires, Chasseurs, Spahis, Canonniers, Aviateurs, Soldats.

Je vous fais mes adieux, à vous, ainsi qu'à vos Drapeaux et à vos Etendards.

Depuis 5 ans je commandais la 2° Brigade d'Infanterie d'Algérie avec ses 3 régiments au passé glorieux, le 8° zouaves, le 2° tirailleurs, le 10° tirailleurs. Les circonstances ont voulu que, sur ces 5 ans, j'ai eu l'honneur de vous avoir tous sous mes ordres pendant 2 années.

La Grande Guerre, où j'ai été sans cesse sur le Front, m'avait donné de belles satisfactions intimes comme Français patriote et comme Chef. Parmi ces satisfactions, je mets au premier rang les deux drapeaux qui, par moi, sont aux Invalides ; celui du 49° Poméranien ramassé, grâce à mon 98°, sur mon champ de bataille, le 11 octobre 1914, devant le Bois des Loges, et celui du 2° régiment de la Garde, déterré en lambeaux, le 20 janvier 1920, à Reims, la ville martyre, et fixé sur du tulle par ma femme pour pouvoir être transporté.

J'ai eu aussi des belles satisfactions avec vous, en particulier au moment des manœuvres et au moment du départ annuel d'un nombre plus ou moins grand de vos belles unités pour le Maroc.

Nommé Général de Brigade, le 4 avril 1917, il y a plus de 8 ans, je vous quitte, atteint par la limite d'âge, sans avoir eu le grand honneur de continuer à vous commander avec ma 3e étoile et sans avoir pu aller, avec vous, porter haut et ferme le Drapeau tricolore de la France au Maroc.

Ma conscience m'affirme que j'ai toujours fait tout mon devoir. Je n'ai jamais consenti à aucun compromis avec elle. J'ai toujours subordonné mon intérêt particulier à l'intérêt général, qui, pour moi, passe avant tout. Cette satisfaction morale m'aide à supporter mon chagrin de me séparer de vous.

Je vous dis « Adieu, mes chers Amis. Je suis sûr que la France pourra toujours compter sur vous. Quoiqu'il vous arrive, souvenez-vous que les hommes passent et qu'il faut que la France reste ».

A partir de demain 4 Octobre :

1) Le Commandement provisoire de la Division d'Oran sera exercé par le Général Theveney, Commandant la 4e Brigade d'Infanterie d'Algérie et la Subdivision de Tlemcen.

2) Le Commandement provisoire de la 2e Brigade d'Infanterie d'Algérie et de la Subdivision d'Oran sera exercé par le Colonel Rose, commandant le 2e tirailleurs.

Le Général L. Didier,
Commandant provisoirement la Division d'Oran.

Dans une montagne de documents du même ordre, j'en ai pris quelques uns à peine, ceux qui m'ont paru les plus propres à mettre en pleine lumière les qualités qui caractérisent le Général Didier : bonté de cœur, exquise sensibilité, souci constant de la justice. Je ne suis pas à même d'apprécier sa valeur technique ; mais je sais qu'il est le plus honnête, le plus loyal et le meilleur des hommes, et j'espère que cette conviction est passée dans l'âme de ceux qui ont parcouru ces quelques pages.

Alf. CAZES.
Oran, 30 Janvier 1928.

I. -- CORRESPONDANCE, DÉCISIONS ET ARRÉTS

Ministère de la Guerre

....

Direction du Contentieux
et de la
Justice Militaire

—

Bureau de la Justice Militaire

—

N° 19717-2/10

Paris, le 21 Décembre 1915.

Le Ministre de la Guerre à
M. le Colonel Didier, 31, Bd. Exelmans,
Paris.

Le Ministre de la Guerre invite le Colonel Didier à fournir d'extrême urgence un compte rendu précis et détaillé des circonstances dans lesquelles a été jugé, condamné à la peine de mort, avec dégradation militaire, et passé par les armes, les 10 et 11 octobre 1914, le sous-lieutenant CHAPELANT, du 98° Régiment d'Infanterie.

Il y aura lieu de fournir tout particulièrement une réponse à ces deux questions :

1) Est-il exact que le colonel DIDIER, alors Commandant du 98° Régiment d'Infanterie, en qualité de Lieutenant-Colonel, ait jugé non satisfaisants deux rapports fournis par des Officiers du corps sur les faits reprochés au sous-lieutenant CHAPELANT parce qu'ils n'auraient pas permis de prononcer une condamnation à mort, et qu'il n'ait réuni le Conseil de Guerre spécial du Régiment, dont il aurait d'ailleurs fait partie, qu'après avoir obtenu un troisième rapport répondant à ses désirs ?

2) Est-il exact que le condamné ait été apporté sur un brancard devant le peloton d'exécution, les blessures qu'il avait reçues aux jambes l'empêchant de se tenir debout ?

Ci-joint, à titre de renseignement et à charge de retour, cinq pièces relatives à cette affaire.

Pour le Ministre et par son ordre.
Le Directeur du Contentieux et de la Justice Militaire
Signé : Paul MATTER.

Gouvernement Militaire
de Paris

—

Place de Paris

—

Paris 22 Décembre 1915.

Le Colonel Didier, en congé de convalescence à Paris, 31 Bd. Exelmans à
M. le Ministre de la Guerre (Direction du Contentieux et de la Justice Militaire.
Bureau de la Justice Militaire).

J'ai l'honneur de répondre ci-après aux questions qui font l'objet de votre dépêche N° 19717 2/10, du 21 décembre courant, relative au sous-lieutenant CHAPELANT, du 98° Régiment d'Infanterie.

Le sous-lieutenant Chapelant, commandant une Section de mitrailleuses, avait déjà fait nettement preuve de lâcheté aux combats du 9 septembre 1914 à Xaffévillers (en Lorraine) et du 5 octobre 1914 (1er combat des Loges) ; mais il m'avait donné sa parole d'honneur que je n'aurais plus jamais un pareil reproche à lui faire.

Le 7 octobre, vers midi, alors que le combat avait nettement tourné à notre avantage depuis 3 heures et que les Allemands, chassés du village des Loges et des tranchées où ils avaient pu pénétrer, s'étaient repliés en désordre, en laissant entre nos mains plus de 300 prisonniers, j'apprenais que le sous-lieutenant Chapelant et le sergent-major Girodias étaient passés à l'ennemi (dont quelques éléments cherchaient à se cramponner au terrain à une centaine de mètres de nos tranchées) en entraînant avec eux une vingtaine d'hommes.

Je rendais compte aussitôt du fait au Colonel Pentel, commandant la Brigade, et, me méfiant d'une ruse déloyale des Allemands, je donnais l'ordre à mes tranchées de tirer sur tous ceux qui chercheraient à s'avancer vers elles en venant de l'ennemi.

Le général Demange, commandant la Division, me causait par téléphone et me promettait (ce qui fut fait) de m'envoyer de suite des renforts car mes hommes étaient très fatigués par 7 jours de combats et de bombardements ininterrompus.

Vers 14 heures, un sergent qui était passé à l'ennemi, venait me dire que : « Le capitaine allemand (qui commandait les éléments ci-dessus) me faisait sommer de me rendre ou sinon allait me faire attaquer par 12 bataillons et 20 batteries d'artillerie lourde ». Je me faisais préciser par ce sergent l'emplacement exact des éléments commandés par ce capitaine et je le faisais aussitôt bombarder par mon artillerie ; ces éléments s'enfuyaient jusqu'à Rue de l'Abbaye à 300 mètres environ en arrière.

A la fin de l'après-midi, j'apprenais que le sous-lieutenant Chapelant avait, de la ligne allemande, fait des signes à une de mes tranchées, en invitant ses défenseurs à se rendre, mais que ceux-ci, pour toute réponse, lui avaient tiré dessus et qu'il était tombé.

Le 9 octobre au matin, j'étais averti que le sous-lieutenant Chapelant s'était traîné dans nos lignes et que, en y arrivant, il avait raconté que les Allemands avaient refusé de le soigner ; il avait une blessure à une jambe.

Je rendais compte, de suite, du fait au colonel Pentel, commandant la Brigade, et je recevais l'ordre de traduire le sous-lieutenant Chapelant devant le Conseil de Guerre du Régiment. En même temps, je faisais donner à cet officier, par mes médecins, tous les soins que comportait son état.

1re question. — « Est-il exact que j'ai jugé non satisfaisants 2 rapports fournis par des officiers du corps sur les faits reprochés au sous-lieutenant Chapelant, parce qu'il n'auraient pas permis de

Général L. DIDIER
en 1922

prononcer une condamnation à mort et que je n'ai réuni le Conseil de Guerre spécial du régiment, dont j'aurais, d'ailleurs, fait partie, qu'après avoir obtenu un 3e rapport répondant à mes désirs ? »

Réponse. — Les faits ci-dessus sont faux. Je ne me suis mêlé en rien d'aucune des opérations du Conseil de Guerre, au Président duquel (Commandant GAUBE) j'ai simplement remis tous les documents qui m'étaient parvenus au sujet de cette affaire. Je n'ai pas fait partie du Conseil de Guerre qui a opéré, en dehors de ma présence, dans une chambre fermée.

2e Question. — « Est-il exact que le condamné ait été apporté sur un brancard devant le peloton d'exécution, les blessures qu'il avait reçues aux jambes l'empêchant de se tenir debout ? »

Réponse. — Le fait est exact mais est l'exécution de l'ordre formel de mes supérieurs.

Après sa condamnation à mort par le Conseil de Guerre, j'avais fait transporter à l'ambulance le sous-lieutenant CHAPELANT, en demandant qu'il fut sursis à son exécution jusqu'après guérison.

Mais, le 10 octobre, je recevais la lettre ci-après du Général DEMANGE, commandant la Division.

> « Mon cher Didier,

« Je comprends et partage vos scrupules, croyez le bien. Mais la dure loi « nous domine tous deux.

« Vous trouverez demain, avec l'aide de votre médecin, le moyen de mettre « debout ce malheureux avant de le faire tomber. »

> « Signé : DEMANGE. »

« P. S. — Le Colonel PENTEL estime, à juste titre à mon avis, qu'il doit être passé outre à la considération que vous faites valoir et qui importe peu, puisqu'il s'agit d'enlever la vie à cet homme et que ce serait une aggravation de peine non prévue par le Code que de surseoir à l'exécution jusqu'à guérison de la blessure du condamné ».

Le 11 octobre, vers 8 heures, le sous-lieutenant CHAPELANT a été ramené aux Loges sur une voiture. Je lui ai fait offrir par un de ses amis, un révolver (1) pour qu'il puisse se tuer lui-même et éviter ainsi la honte du peloton d'exécution. Il a refusé.

Ci-joint, pour retour, les 5 pièces communiquées.

> Signé : L. DIDIER.

---

(1) Erreur. La réponse était à fournir « d'extrême urgence ». Mon carnet de route de cette époque était au crayon et long à lire (crayon parfois plus ou moins effacé par suite des frottements dans ma sacoche) ; mes notes complémentaires, sur feuilles volantes, n'étaient pas encore mises en ordre et resoudées avec les indications du carnet. J'ai fait ma réponse ci-dessus, surtout de mémoire, et j'ai confondu ainsi l'offre de revolver du 11 au matin avec la première [du 10 au soir (vers 17 h. 30).

6ᵉ Corps d'Armée et 6ᵉ Région

—

2ᵉ et 3ᵉ Subdivisions

—

Etat-Major.

—

Nᵒ 475/P. O.

—

OBJET

Exécution du sous-lieutenant
CHAPELANT, du 98ᵉ

—

Reims, le 23 février 1920.

Le Général DIDIER, commandant les subdivisions de Reims et Châlons sur Marne,
commandant d'armes de Reims,
à M. le Directeur du Contentieux et de la
Justice Militaire au Ministère de la Guerre
à Paris.

Monsieur le Directeur,

Le 22 décembre 1915, avant mon départ pour l'armée d'Orient, je vous ai remis moi-même les explications écrites que vous m'aviez demandées, de la part du Ministre, à la suite d'une accusation lancée contre moi, à la Tribune de la Chambre des Députés, par M. MOUTET, député de Lyon, au sujet de l'exécution, le 11 octobre 1914, du sous-lieutenant CHAPELANT, du 98ᵉ Régiment d'Infanterie que je commandais à ce moment comme Lieutenant-Colonel.

Or, je viens de recevoir la lettre anonyme ci-incluse avec l'extrait, également ci-joint, du journal *La Loire Républicaine*.

Je méprise, comme elle mérite, la lettre anonyme ; mais il me semble difficile de laisser propager les mensonges et les diffamations contenus dans l'article du journal.

C'est pour ce motif que je me permets de m'adresser à votre Haute Compétence et de vous demander si vous estimez que ce journal doit être ou non poursuivi. Dans le cas de l'affirmative, je vous serais profondément reconnaissant de vouloir bien me faire connaitre la procédure que j'aurai à suivre ; la question étant d'ordre absolument militaire, il me semble, en effet, que je devrai saisir le Ministre par la voie hiérarchique.

Daignez agréer, Monsieur le Directeur, l'expression de mon plus profond respect.

Signé : L. DIDIER.

Ministère de la Guerre

—

Direction de la Justice Militaire

—

Bureau de la Justice Militaire

—

Nᵒ 10117-2/10 A

Paris, le 3 mars 1920 (1).

Le Ministre de la Guerre à M. le Général
Commandant la 6ᵉ Région
Châlons sur Marne.

J'ai l'honneur de vous transmettre ci-joint le dossier constitué en vue de permettre à M. le Ministre de la Justice de statuer sur la

—————

(1) Reçue le 6 par le Général Didier.

demande de révision du jugement prononcé le 10 octobre 1914, par le Conseil de Guerre spécial du 98ᵉ Régiment d'Infanterie contre le sous-lieutenant CHAPELANT de ce régiment.

A cette époque le 98ᵉ régiment d'infanterie était commandé par le colonel DIDIER, aujourd'hui Général de Brigade et commandant les subdivisions de Reims et Châlons.

Je vous prie de vouloir bien communiquer ce dossier au Général DIDIER qui, après en avoir pris connaissance, formulera ses observations, dans un rapport complémentaire de celui qu'il a déjà fourni le 22 décembre 1915.

Ces observations devront porter uniquement sur les faits qui ont entraîné la condamnation du sous-lieutenant CHAPELANT et sur le mérite de la requête en révision introduite par M. CHAPELANT père.

Vous voudrez bien me retourner, dans le moindre délai, les documents ci-annexés, accompagné du rapport sus visé.

> *Pour le Ministre de la Guerre et délégation,*
> *Le Secrétaire Général :*
> Signé : X. DE BOYSSON.

6ᵉ Corps d'Armée et 6ᵉ Région   Reims, le 8 mars 1920.

2ᵉ et 3ᵉ Subdivisions

—

Nᵒ 480 P. O.

—

Le Général de Brigade DIDIER Léon Jules, Commandant les subdivisions de Reims et Châlons sur Marne, à M. le Général Commandant le 6ᵉ Corps d'Armée. (sous couvert de M. le Général Commandant la 40ᵉ Division d'Infanterie).

Conformément aux prescriptions de votre bordereau Nᵉ 2252/IM, du 4 mars courant, j'ai l'honneur de vous retourner, ci-inclus, avec le Rapport complémentaire demandé par le Ministre, le dossier relatif au sous-lieutenant CHAPELANT et la Dépêche ministérielle Nᵒ 10.117 2/10 A du 3 mars courant.

> Signé : L. DIDIER.

6e Corps d'Armée et 6e Région

2e et 3e Subdivisions

Etat-Major

N° 480/P. O.

Objet

Exécution du sous-lieutenant
Chapelant du 98e régiment
d'infanterie le 11 octobre 1914

Reims, 8 mars 1920.

Le Général de Brigade Didier Léon Jules,
Commandant les subdivisions de Reims
et de Châlons sur Marne, à M. le Ministre
de la Guerre (Direction de la Justice
Militaire. Bureau de la Justice Militaire)
Paris.

1°. — RAPPORT COMPLÉMENTAIRE (à celui fourni le 22 décembre 1915), sur les faits qui ont entraîné la condamnation du sous-lieutenant Chapelant.

2°. — MÉRITE DE LA REQUÊTE EN RÉVISION INTRODUITE par M. Chapelant père.

Par charité, et même pitié, pour les parents, je n'ai pas voulu répondre aux demandes qui m'ont été adressées de Roanne tant que j'ai été à la tête du 98e (c'est-à-dire jusqu'au 7 juillet 1915). J'ai su, à ce moment, que les parents du sous-lieutenant Chapelant et du sergent-major Girodiaz avaient cherché à se rejeter réciproquement, l'une sur l'autre, la responsabilité de la faute commise par leurs fils.

Je comprends la douleur du père du sous-lieutenant Chapelant, je la respecte jusqu'à une certaine limite, mais je trouve qu'elle dépasse cette limite quand elle va jusqu'à faire lancer contre moi, personnellement, des mensonges et des diffamations qui n'ont, d'ailleurs, rien à voir avec les faits qui ont entraîné la comparution de son fils devant un Conseil de Guerre.

Ces faits, indiscutables à mon avis, puisqu'ils ont été *reconnus par écrit par le sous-lieutenant Chapelant lui-même*, devant le Conseil de Guerre, sont les suivants :

1° Le 7 octobre 1914, vers midi, sans aucun motif sérieux, sans aucune pression de la part de l'ennemi, sans avoir rien fait de son devoir d'officier, il a abandonné la tranchée dont la défense lui était confiée et a suivi le sergent-major Girodiaz et ses hommes pour aller se rendre à quelques Allemands qui cherchaient à se cramponner au terrain, à une 100e de mètres devant cette tranchée.

2° Le même jour, il a accepté d'un officier allemand, de chercher, des lignes ennemies, à faire passer à leur tour à l'ennemi, d'autres défenseurs des tranchées ; il a été abattu, à sa dernière tentative, par la balle d'un de ces défenseurs, qui a eu, lui, la vraie notion non seulement de son devoir militaire, mais encore de son devoir de Français.

Tout le dossier ci-inclus, que j'ai lu avec soin, ne contient, à mon avis, aucun fait nouveau, faisant disparaître ou même réduisant la gravité des 2 faits ci-dessus.

J'estime, par suite, qu'il n'y a pas lieu à révision.

J'ai fait mon devoir, avec toute l'humanité possible ; les juges du Conseil de Guerre ont fait le leur de même.

Signé : L. DIDIER.

LETTRE PERSONNELLE DU GÉNÉRAL DIDIER, AU CONTROLEUR GÉNÉRAL DE BOYSSON (1), SECRÉTAIRE GÉNÉRAL DU MINISTRE DE LA GUERRE, (MINISTÈRE DE LA GUERRE — PARIS).

Reims, 8 mars 1920.

Monsieur le Contrôleur Général,

Je viens de faire partir le Rapport complémentaire que vous m'avez demandé par votre Dépêche N° 10117 2/10 A, du 3 mars courant, au sujet de l'exécution, le 11 octobre 1914, du sous-lieutenant CHAPELANT du 98ᵉ Régiment d'Infanterie, que je commandais, à cette époque, comme Lieutenant-Colonel.

Je suis « le petit DIDIER » que vous connaissez depuis La Rochefoucauld.

C'est pour ce motif que je me permets de m'adresser à vous et de vous demander conseil pour faire cesser la campagne de calomnies que le père du sous-lieutenant CHAPELANT conduit contre moi.

La base de ses calomnies est la suivante : j'avais un parti pris contre son fils et c'est pour assouvir ce parti pris que j'ai traduit son fils devant une Cour Martiale, que j'ai présidé moi-même le Conseil de Guerre, que j'ai fait fusiller son fils bien que blessé.

Or je n'ai jamais eu de parti-pris contre le sous-lieutenant CHAPELANT ; j'avais demandé avec insistance :

1) qu'il fut traduit devant le Conseil de Guerre de la Division ;

2) qu'il ne fut fusillé qu'après guérison ;

enfin, je ne faisais pas partie du Conseil de Guerre dans lequel je n'ai pas mis les pieds.

C'est sur l'ordre de mes supérieurs que le sous-lieutenant CHAPELANT, est passé en cour Martiale et a été fusillé avant sa guérison.

Est-ce que ces faits, qui rétabliraient, peut-être (?) la vérité dans l'imagination de son père, ne pourraient pas être portés à la connaissance de celui-ci ? Mais comment ? et par qui ?

Excusez-moi, M. le Contrôleur Général, de venir ainsi vous déranger au milieu de vos travaux et daigner agréer l'expression de mon plus profond et respectueux dévouement.

Signé : L. DIDIER.

---

(1) M. de Boysson était, en 1876, lieutenant d'artillerie à La Rochefoucauld sous les ordres du père (alors capitaine) du Général Didier. Celui-ci avait, à cette époque, 11 ans.

6ᵉ Corps d'Armée et 6ᵉ Région

2ᵉ et 3ᵉ Subdivisions

Etat-Major

Nᵒ 495 P O

OBJET :

Exécution du sous-lieutenant
CHAPELANT, du 98ᵉ Régiment
d'Infanterie, le 11 octobre 1914

Reims, le 11 avril 1920.

Le Général de Brigade DIDIER Léon Jules,
commandant les subdivisions de Reims
et de Châlons sur Marne, Commandant
d'Armes de Reims, à M. le Contrôleur
Général de l'Administration de l'Armée,
De BOYSSON, Secrétaire Général de M. le
Ministre de la Guerre.

Pour faire suite à mon Rapport Nᵒ 480/PO du 8 mars dernier, et à l'audience que vous avez bien voulu m'accorder avant hier, vendredi, 9 courant, j'ai l'honneur de vous adresser, ci-incluse, la copie de mes carnets de route, mis au net, pour tout ce qui a trait à l'affaire CHAPELANT-GIRODIAZ.

Je prends la pleine et entière responsabilité de tous mes actes et de toutes mes paroles ; mais il ne saurait en être de même pour les basses calomnies lancées contre moi par M, CHAPELANT père et par ceux qui le suivent ou le secondent dans sa campagne de diffamation à mon égard.

La copie ci-incluse vous renseignera sur la valeur des racontars venimeux du Docteur Guichard, du brancardier Sabatier, et des autres admirateurs ou amis du sous-lieutenant CHAPELANT.

Je me permettrai de vous répéter, en outre, ce que je vous ai dit vendredi, c'est-à-dire que je ne m'explique pas comment des hommes qui sont passés à l'ennemi, avec GIRODIAZ et CHAPELANT, le 7 octobre 1914, et qui ont, pour ce fait, été condamnés à mort par contumace, peuvent présenter les faits à leur manière et lancer contre moi des accusations extraordinaires, alors qu'ils devraient passer, de nouveau, en Conseil de Guerre, et que c'est moi qui devrais être témoin à charge contre eux.

Enfin, dans le fatras de mensonges puérils ou odieux qui constituaient le dossier de M. CHAPELANT père, j'ai constaté que, en plus des romans des singuliers témoins ci-dessus, figuraient des accusations lancées par des capons (pour ne pas dire des lâches) que j'avais dû renvoyer à leur tranchée et rappeler à leur devoir de Français.

Signé : L. DIDIER.

Ministère de la Guerre

—

Direction du Contentieux
et de la Justice Militaire

—

Cabinet du Directeur

—

N° 1097 C/10   Mon Général,

Paris, le 10 avril 1920 (1).

Par lettre du 23 février 1920, n° 475/PO, vous avez bien voulu me demander quelle est la procédure à suivre en vue d'exercer des poursuites contre les auteurs d'articles de presse relatifs à la condamnation et à l'exécution du sous-lieutenant CHAPELANT, du 98° Régiment d'Infanterie, articles dans lesquels vous êtes mis en cause.

J'ai l'honneur de vous faire connaître que, aux termes de la circulaire du 21 décembre 1906 (B O E M vol. 31), il vous appartient, si vous le jugez opportun et nécessaire (2), de déférer aux tribunaux les articles de presse diffamatoires ou calomnieux à votre égard.

Veuillez agréer, mon Général, l'expression de mes sentiments respectueux et dévoués.

Le Directeur du Contentieux et de la Justice Militaire,
Signé : FILIPPINI.

Monsieur le Général L. DIDIER,
Commandant les subdivisions de Reims
et de Châlons sur Marne

CIRCULAIRE (VISÉE CI-DESSUS)
RELATIVE AU DROIT DE RÉPONSE ET DE POURSUITE EN MATIÈRE DE PRESSE (B. O. E. M. N° 31 (SUPPLÉMENT) PAGE 36).

Paris, le 21 décembre 1906.

Je reçois fréquemment des demandes d'officiers ou de fonctionnaires militaires qui sollicitent l'autorisation de répondre à des journaux ou de poursuivre devant les tribunaux les auteurs d'articles de presse jugés par eux diffamatoires ou calomnieux.

La loi du 29 juillet 1881 n'ayant apporté aucune restriction à l'exercice de ces droits, je ne saurais interdire ce que la loi autorise.

---

(1) reçue le 13 par le Général Didier.
(2) Note du Général Didier : le sous entendu de M. Filippini, ce que m'avait dit M. Boysson de « ne rien faire qui puisse gêner l'action régulière du Ministre », les prescriptions à double tranchant pour ne pas dire plus) de la circulaire du 21 décembre 1906, mon manque complet de fortune (des poursuites pareilles sont coûteuses) m'ont, après mûre réflexion, déterminé à me taire, car autrement il m'aurait fallu découvrir complètement le Général Demange à l'opinion publique.

Il est à remarquer même que les droits dont il s'agit sont explicitement conférés aux dépositaires de l'autorité publique par les articles 12 et 47 de la dite loi.

En faisant connaître aux officiers et fonctionnaires militaires qu'ils peuvent exercer le droit de réponse et le droit de poursuite, vous voudrez bien les prémunir contre le danger des polémiques.

Je compte sur leur tact et leur correction pour concilier l'exercice de leurs droits avec la dignité de leurs fonctions et le respect de la discipline.

D'ailleurs, tout abus du droit de réponse ou du droit de poursuite n'exposerait pas seulement les militaires qui le commettraient aux sanctions du droit commun, mais encore à l'action disciplinaire du Ministre, action qu'il entend se réserver en toutes circonstances dans l'intérêt général de l'Armée.

Ministère de la Guerre

—

Direction du Contentieux
et de la Justice Militaire

—

Cabinet du Directeur

—

N° 1128 - C/10

—

Paris, le 16 avril 1920 (1).

Le Ministre de la Guerre, à M. le Général DIDIER, commandant les subdivisions de Reims et de Châlons sur Marne.

à Reims.

Vous avez fait connaître que, parmi les anciens militaires dont les témoignages sont invoqués par M. CHAPELANT père, à l'appui de la demande en révision du jugement prononcé contre son fils, le sous-lieutenant CHAPELANT du 98° Régiment d'Infanterie, se trouveraient des déserteurs du 98° régiment d'infanterie, dont quelques uns auraient même été l'objet d'une condamnation par contumace.

Afin de me permettre de donner à cette indication telle suite que de droit, je vous prie de vouloir bien me faire connaître les noms des militaires dont il s'agit.

Ci-joint, en communication, copie de la liste des témoins entendus.

Pour le Ministre et par son ordre.
Le Directeur du Contentieux et de la Justice Militaire,
Signé : FILIPPINI.

LISTE DES TEMOINS ENTENDUS A LA REQUÊTE DE M. CHAPELANT

HAHN Paul Georges, capitaine au 98° R. I.
LACROIX Jean, soldat.
DUFFOUR Louis, caporal.

BARRAL Auguste, soldat.
MORLOT François, adjudant.
SABATTIER Alexandre, brancardier.

(1) reçue le 17 par le Général Didier.

Sigot Jean, soldat.
Tavel Louis, musicien.
Gardet Barthélemy, soldat.
Gouvrit, adjudant-chef.
Guichard Paul, médecin-major au 16e R. I.
Monier Pierre, du 16e R. I.
Lapendrie, restaurateur à Roanne

Peillon Barthélemy, mitrailleur du 98e R. I.
Perret Joseph, greffier de la Justice de Paix.
Boiteux Joseph, sergt au 146e R. I.
Morton Joseph, sergent au 98e R. I.
Coutisson Marius, du 98e R. I.

6e Corps d'Armée et 6e Région
—
2e et 3e Subdivisions
—
No 497/P. O.
—
Objet :
Affaire Chapelant
—

Reims, le 24 avril 1920.

Le Général Didier, Commandant les Subdivisions de Reims et de Châlons sur Marne, à M. le Ministre de la Guerre (Direction du Contentieux et de la Justice Militaire — Cabinet du Directeur)

à Paris.

Par dépêche no 1128 C/10, du 16 avril courant, vous avez bien voulu me demander de « vous faire connaître, afin de vous permettre de donner, à cette indication, telle fin que de droit, les noms des déserteurs du 98e R. I. dont quelques uns auraient même été l'objet d'une condamnation par contumace, qui se trouveraient parmi les anciens militaires dont les témoignages sont invoqués par M. Chapelant père, à l'appui de la demande en révision du jugement prononcé contre son fils, le sous-lieutenant Chapelant du 98e R. I. »

J'ai l'honneur de vous fournir les renseignements ci-après :

1o sur le brouillon de ma réponse No 480/P.O. du 8 mars dernier, je terminais ainsi qu'il suit, mais j'ai supprimé cette fin devant les termes de votre dépêche No 10117 2/10 du 3 mars, qui me prescrivaient de répondre « uniquement » aux deux questions posées par cette dépêche.

« Je me permettrai, en terminant d'attirer respectueusement votre attention sur les faits ci-après :

« sur les 19 témoins interrogés (3o partie du dossier. Procès-verbaux de l'enquête) ;

« le capitaine Hahn n'est revenu au 98e que le 19 octobre 1914, n'a connu, par suite, de l'affaire Girodiaz-Chapelant que ce qu'il en a entendu raconter, et « s'il émet l'opinion que l'exécution a suivi de bien près la condamnation, n'a aucunement l'intention de critiquer le jugement ».

« le soldat Lacroix Jean, le caporal Duffour Louis, le soldat Monier Pierre, sont passés à l'ennemi le 7 octobre 1914, avec le sergent-major Girodiaz et le sous-lieutenant Chapelant. Il semble bien ressortir de leurs dépositions (1) qu'ils ne sont pas revenus dans nos lignes : dans ce cas ils ont été jugés par contumace par le Conseil de guerre spécial qui, d'après mes souvenirs, s'est réuni quelques temps après l'exécution du sous-lieutenant CHAPELANT, pour juger tous ceux qui, en plus de lui, étaient passés à l'ennemi le 7 octobre 1914. Il y aurait lieu, par suite, de voir si ce jugement par contumace a été régularisé depuis le retour de captivité de ceux qui en ont été l'objet.

« le soldat BARRAL Auguste, l'adjudant MORLOT François, le soldat SIGOT Jean, le soldat TAVEL Louis, le soldat GARDET Barthélemy, l'adjudant-chef GOUVRIT, M. LAPENDRIE François, M. PERRET Joseph, ne savent rien ou rapportent des « on dit ».

« le brancardier SABATTIER était un ami personnel du sous-lieutenant CHAPELANT ; il déforme la vérité (pour ne pas dire plus) ;

« le docteur GUICHARD Paul ne sait rien de l'affaire (bien qu'il ait écrit contre moi une lettre abominablement fausse et venimeuse) ;

« la déposition de M. GIRODIAZ Etienne est suspecte, puisque c'est son fils qui a entrainé les hommes et le sous-lieutenant CHAPELANT, à déserter ;

« le soldat PEILLON Barthélémy, le sergent MORTON Joseph, sont des déserteurs revenus dans nos lignes ; ils arrangent les faits à leur avantage ;

« le sergent BOITEUX Joseph était à l'échelon, à plus de 2 kilomètres de là, quand les faits se sont passés ;

« le brancardier COUTISSON Marius, qui n'a rien vu, raconte les faits à sa manière.

2° « Le 15 octobre 1914, sous le n° 891, le Général commandant la 25ᵉ DI a ordonné une action judiciaire (2) contre le sergent-major GIRODIAZ et les hommes qui s'étaient rendus avec lui. » (copie ci-jointe de la lettre nᶜ C/5759, du 21-11-15, du Lieutenant-Colonel FRANTZ commandant le 98ᵉ à son commandant de Dépôt).

3° « Ces évènements ont fait l'objet de jugements rendus par le Conseil de guerre spécial du 98ᵉ et d'instructions judiciaires du Conseil de guerre de la 25ᵉ DI » (Copie ci-jointe d'une lettre de 1916 du colonel GOYBET commandant le 98ᵉ à son commandant de Dépôt).

4° « Il ressort de la copie ci-incluse d'une lettre du 22 mai 1919 du Lieutenant-Colonel GAUBE, commandant le 98ᵉ, qu'un certain nombre des déserteurs ci-dessus, dont un du nom de DUFOUR n'avaient encore fait, à cette époque (fin mai 1919) l'objet d'aucune plainte.

En résumé :

____

(1) du 1ᵉʳ juin 1919, pour le soldat Lacroix et le caporal Duffour, qui ont vu tomber Chapelant « et ne l'ont jamais revu », du 19 juin 1919, pour le soldat Monier (en juin 1919 au 16ᵉ R I) qui a également vu tomber Chapelant et « n'a plus rien su de lui ».

(2) d'après mes souvenirs, la 25ᵉ DI aurait pris toutes les précautions nécessaires pour qu'il ne puisse pas y avoir prescription.

a) au moment où le soldat LACROIX, le caporal DUFFOUR et le soldat MONIER, cités comme témoins par M. CHAPELANT père, ont été interrogés officiellement, la situation des déserteurs du 7 octobre 1914, jugés par contumace, ne devait pas être régularisée (copie n° 3 ci-incluse) ;

b) l'un deux, au moins, (DUFFOUR) semble faire partie de ces déserteurs ;

c) tout le dossier de la désertion du 7 octobre 1914 est au 1ᵉʳ Conseil de Guerre de Paris, qui a, par suite, la liste complète de tous les déserteurs de ce jour-là qui ont été jugés par contumace.

Comme conclusion, je me permettrai de demander que :

a) ceux de ces déserteurs qui n'auraient pas encore été rejugés, passent de nouveau en Conseil de Guerre,

b) je sois cité comme témoin.

M. CHAPELANT père connaîtrait ainsi toute la vérité ; il est probable qu'il comprendrait enfin qu'il aurait mieux fait, pour l'honneur de son fils et le sien, de ne pas avoir mené la campagne de basses calomnies qu'il a conduite contre moi.

Ci-joint, pour retour, la copie de la liste des témoins entendus que vous m'avez envoyée en communication.

Signé : L. DIDIER.

Lyon, le 3 juin 1920.

Monsieur le Commandant de la Place de Reims,

D'après tous les bruits qui ont couru sur votre compte et que j'entends tous les jours, je ne veux pas qu'un officier de mérite comme vous l'êtes, malgré que vous ne soyez pas riche, vous êtes honnête ; si toutefois c'est vous qui avez été officier d'ordonnance du Général PARISON, son fils René, sa fille Marguerite et son fils aîné lieutenant aux Tirailleurs Algériens (1). Je n'étais, à l'époque, qu'un simple ordonnance du Colonel du 160ᵉ (2).

Vous êtes un officier de mérite et je ne veux pas qu'on vous accuse d'une chose qui n'est pas vraie. Je ne suis qu'un simple et vulgaire ouvrier peintre, mais si c'est vous qu'on accuse, je vous ai connu à Toul (Meurthe et Moselle), autant vous que votre Dame. Vous êtes des gens honorables et je peux certifier tous les services que vous avez rendus à Toul. J'ai 52 ans. Vous êtes un officier de mérite et je vous ai vu à l'œuvre ; je ne veux pas qu'on vous méprise.

Votre tout dévoué serviteur,

BOUDÈNES Pierre,
Épicerie, 136, route de Vienne à Lyon (Rhône).

---

(1) Erreur, le lieutenant Maurice Parison était lieutenant de cuirassiers.
(2) Colonel de Cornulier-Lucinière.

Oran, le 15 juin 1920.

Mon cher Boudènes,

C'est bien moi qui étais officier d'ordonnance du Général Parison, à Toul, de 1890 à 1892. Votre lettre du 3 juin vient seulement de me parvenir à Oran où j'ai pris le commandement de la 2ᵉ Brigade d'Infanterie d'Algérie (8ᵉ zouaves, 10ᵉ tirailleurs) et de la Subdivision d'Oran.

Elle m'a fait plaisir, car je vois que vous ne vous êtes pas laissé prendre à la campagne de basses calomnies et de mensonges, menée contre moi par des journaux achetés plus ou moins cher.

Je suis tel que vous m'avez connu à Toul ; je n'ai jamais menti de ma vie.

Le sous-lieutenant Chapelant a été doublement traître. Après avoir déserté, avec quelques uns de ses hommes, il a cherché, sur la demande d'un officier Boche, à faire déserter, quelques heures après, les défenseurs d'une tranchée qui, en bons Français, lui ont tiré dessus, comme j'en avais donné l'ordre. Les Boches ayant refusé de le soigner, il s'est traîné jusqu'à nos lignes avec une jambe cassée. Je l'ai fait soigner et envoyer à l'arrière.

J'ai reçu, de mes supérieurs, qui me l'ont renvoyé, l'ordre :

1º de le faire passer en Cour Martiale (je n'ai pas mis les pieds à la Cour Martiale qui a été présidée par un chef de bataillon et qui l'a condamné à mort à l'unanimité) ;

2º de le faire fusiller quoique blessé (malgré mes demandes réitérées de surséoir à son exécution jusqu'après guérison).

Voilà la vérité. Vous êtes fixé.

Quant aux calomnies, je les méprise ; c'est tout ce qu'elles méritent. Je vous serre cordialement la main.

L'ancien Lieutenant Didier du 160ᵉ,
Signé : L. Didier.

Chambre des Députés. — Séance du 28 Juillet 1920

(Extrait du J. O. du 29 Juillet, page 3213)

M. le Président : MM. Gaston Vidal, Léon Escoffier (Nord), et Gheusi présentent un article additionnel ainsi conçu :

« Un recours en révision est ouvert contre toute décision prononcée au cours de la guerre par les juridictions d'exception : cours martiales ou conseils de guerre spéciaux institués par le décret du 6 septembre 1914.

« Cette révision sera opérée soit à la demande du condamné, soit d'office sur requête du Commissaire du Gouvernement dans le greffe duquel est déposé le jugement de condamnation.

« Une commission spéciale sera nommée pour procéder à cette révision.

« Un décret d'administration publique en déterminera la composition.

M. le Ministre de la Guerre. — Il s'agit des cours martiales composées de trois membres ?

M. Gaston Vidal. — Il s'agit des cours martiales ou Conseils de Guerre spéciaux qui ont fonctionné en vertu du décret du 6 septembre 1914.

M. le Ministre de la Guerre. — Le Gouvernement accepte l'article additionnel de M. VIDAL.

M. le Président de la Commission. — La Commission l'accepte également.

M. Gaston Vidal. — Je remercie la Commission et le Gouvernement de l'œuvre de justice qu'ils vont permettre à la Commission spéciale, dont je demande la création, d'accomplir.

En attendant que cette commission fonctionne, je demande à M. le Ministre de la Guerre de vouloir bien se pencher, avec toute la pitié dont il est capable, sur les veuves des fusillés, dont l'innocence est un fait indéniable !..
....

Il y a un autre fait que je tiens à signaler : c'est le cas du lieutenant CHAPELANT, fusillé avec la cuisse fracassée, ficelé sur un brancard, lui-même dressé contre un pommier (Exclamations). Je demande à M. le Ministre de la Guerre une enquête décisive, et une enquête qui entraîne des sanctions.

Il est inadmissible qu'un officier supérieur français ait fait fusiller ainsi un officier français, même si le lieutenant dont il s'agit s'était rendu coupable, comme je le crois, d'une faute grave. Il y a une faute plus grave, c'est celle de l'Officier supérieur qui, après lui avoir refusé deux fois les secours de la religion qu'il réclamait (exclamations), après lui avoir offert son révolver pour se brûler la cervelle, l'a fait fusiller blessé, attaché sur un brancard.

L'Officier supérieur s'appelait le Colonel DIDIER, on en a fait un Général qui commande à Reims (exclamations).

M. le Baron des Lyons de Feuchemin. — Un tel officier ne doit pas conserver son commandement.

M. Gaston Vidal. — Je ne veux pas passionner un débat déjà suffisamment douloureux. J'ai satisfaction. Je ne songe pas, je le répète à incriminer les juges des cours martiales. J'estime qu'ils ont fait leur devoir à un moment où il était terrible de le faire.

J'ai vu des juges punir et pleurer en même temps, pleurer parce qu'ils étaient obligés de punir et punir parce qu'ils mettaient au-dessus de tout cette nécessité formelle qui s'appelle la discipline devant l'ennemi.

Mais je vous demande, M. le Ministre de la Guerre, puisque le Parlement vous met entre les mains les moyens de réparer dans la mesure du possible ce qui est encore réparable, de suivre la générosité de cœur de l'Assemblée et d'atténuer autant que faire se peut les effets de ces tragiques erreurs. Je compte sur vous, je compte sur la France pour se pencher plus noble et plus pitoyable que jamais sur ces misères imméritées, pour qu'elle panse ces plaies ouvertes à tort, pour qu'elle lave enfin de l'opprobre qui les marque au front ces malheureux qui sont morts et ceux qui supportent dans les larmes le poids d'une faute qui ne fut pas commise (vifs applaudissements).

M. le Président. — La parole est à M. le Ministre de la Guerre.

M. le Ministre de la Guerre. — J'accepte très volontiers les indications qui me sont données, mais je regretterais qu'on citât des faits précis, qu'on se livrât à la discussion de faits qui ne peuvent pas être examinés ici.

Si, sur un des deux faits, je suis complètement d'accord, sur l'autre je suis obligé de faire des réserves tant en ce qui concerne l'innocence de la victime que la responsabilité de l'exécuteur.

M. Gaston Vidal. — Je vous ai dit qu'il était peut-être coupable d'une faute militaire grave.

M. le Ministre de la Guerre. — Par conséquent, la responsabilité de l'exécuteur peut être mise à couvert. (Mouvements divers).

(A l'extrême gauche : comme toujours !)

J'accepte de très grand cœur les suggestions qui me sont faites et je demande à la Chambre de ne pas descendre jusqu'à la discussion des cas particuliers sans avoir en main toutes les pièces nécessaires pour apprécier. (Applaudissements à droite et au centre).

M. le Président. — La parole est à M. DENISE.

M. Paul Denise. — Il n'entre pas dans ma pensée de critiquer les conseils de guerre en quoi que soit. Je crois que les erreurs qui ont pu se produire et qui ont eu les conséquences malheureuses que nous déplorons tous sont dues beaucoup plus aux circonstances qu'elles ne peuvent être imputables aux hommes.

Permettez-moi d'indiquer un cas qui est saisissant...

19e Corps d'Armée
—
Division d'Oran
2e Brigade d'Infanterie d'Algérie
et Subdivision d'Oran
—
N° 27 C
—
OBJET
Affaire CHAPELANT

Oran, le 7 janvier 1921.

Le Général DIDIER, commandant la 2e Brigade d'Infanterie d'Algérie et la Subdivision d'Oran à M. le Ministre de la Guerre (Cabinet du Ministre).

Le 10 avril 1920, sous le N° 1097 C/10 (Direction du Contentieux et de la Justice Militaire (Cabinet du Directeur) vous avez bien voulu me faire connaître, à propos de l'affaire CHAPELANT, que « aux termes de la Circulaire du 21 décembre 1906 (B. O. E. M. vol. 31), il m'appartenait, si je le jugeais opportun et nécessaire, de déférer aux Tribunaux les articles de presse diffamatoires ou calomnieux à mon égard ».

J'ai estimé que mon Devoir était d'attendre votre décision et celle du Ministre de la Justice au sujet de la demande en révision introduite par le père du sous-lieutenant CHAPELANT.

Cette révision a été rejetée.

Mais la campagne de basses calomnies, de diffamations puériles ou odieuses, de mensonges éhontés reprend contre moi.

Un journal local *La Lutte Sociale* commence la publication du numéro ci-inclus des *Cahiers* des Droits de l'Homme du 20 novembre dernier.

Dans ces conditions, j'ai l'honneur de vous demander de vouloir bien m'autoriser à user du droit de réponse et de poursuite qui m'est accordé par la circulaire précitée du 21 décembre 1906, en utilisant les documents suivants dont les copies sont ci-incluses.

. . . .

. . . .

19ᵉ Corps d'Armée
—
Division d'Oran
2ᵉ Brigade d'Infanterie
d'Algérie et Subdivision d'Oran
—
Nᵒ 193. C
—
OBJET
Affaire CHAPELANT

Oran, le 16 février 1921.

Le Général DIDIER, commandant la 2ᵉ Brigade d'Infanterie d'Algérie et la Subdivision d'Oran à M. le Ministre de la Guerre (Cabinet du Ministre)

Par ma lettre Nᵒ 27 C, du 7 janvier dernier, j'ai eu l'honneur de vous demander de vouloir bien m'autoriser à user, à l'égard du journal *La Lutte Sociale* d'Oran, du droit de réponse et de poursuite qui m'est accordé par la Circulaire du 21 décembre 1906.

J'ai énuméré, dans ma lettre, les documents que je tiendrais à utiliser lors de la traduction de ce journal devant la juridiction compétente. J'estime, en effet, que ces documents sont indispensables pour la manifestation de la Vérité sur l'affaire CHAPELANT et sont, par suite, nécessaires pour briser la campagne de calomnies, diffamations et mensonges menée contre moi depuis 6 ans.

La thèse (1), sur laquelle s'appuie cette campagne, est la suivante :

____

(1) Cahiers des Droits de l'Homme du 20 novembre 1920.

« Des témoignages précis, concordants, pathétiques, sont venus déclarer que cet officier (lieutenant CHAPELANT) jugé hâtivement, irrégulièrement, est innocent ; qu'il est la pitoyable victime de l'impulsivité — dûe à l'alcool ou à quelque état pathologique — de celui qui commandait le 98ᵉ d'Infanterie, le Lieutenant-Colonel DIDIER, aujourd'hui Général. »

Or, c'est sur l'ordre formel de mes chefs que le sous-lieutenant CHAPELANT est passé en Cour Martiale, au lieu du Conseil de guerre de Division que j'avais demandé, et a été fusillé blessé, alors que j'avais insisté pour qu'il fut sursis à l'exécution jusqu'après sa guérison. Ses aveux ont été recueillis par écrit, à la Brigade, à son retour de l'ambulance où je l'avais envoyé. Je ne me suis mêlé en rien des opérations de la Cour Martiale.

Je me permets de vous indiquer que la prescription étant de 3 mois pour la poursuite en diffamation, je pense qu'il y a urgence pour moi à prendre position.

La thèse ci-dessus figure dans le numéro de *La Lutte Sociale* du 1ᵉʳ janvier dernier : je n'ai donc que jusqu'au 1ᵉʳ avril prochain pour traduire ce journal devant les Tribunaux compétents.

C'est pour ce motif que je me permets de vous demander de vouloir bien me faire connaître votre décision au sujet des dispositions qui font l'objet de ma lettre nº 27 C du 7 janvier dernier.

Signé : L. DIDIER.

<table>
<tr><td>

Ministère de la Guerre

—

Cabinet du Ministre
3ᵉ Bureau

—

Correspondance Générale

—

Nº 2102 K

—

Au sujet de l'affaire CHAPELANT

—

</td><td>

Paris, 25 février 1921.

Le Ministre de la Guerre, à M. le Général de Brigade DIDIER, commandant la 2ᵉ Brigade d'Infanterie d'Algérie et la Subdivision d'Oran (sous couvert de M. le Général Commandant le 19ᵉ Corps d'Armée,

Alger.

</td></tr>
</table>

Par lettre Nº 27 C., en date du 7 janvier 1921, vous avez demandé l'autorisation d'exercer des poursuites contre plusieurs journaux ayant publié des articles diffamatoires à votre égard au sujet de l'affaire CHAPELANT.

J'ai l'honneur de vous faire connaître que je vous autorise à faire état des documents que vous m'aviez communiqués et que je vous retourne ci-joints.

Toutefois, cette affaire faisant l'objet de requêtes successives et étant actuellement soumise à nouveau à M. le Garde des Sceaux, je vous prie de vouloir bien me faire parvenir, sous le timbre de la

Direction du Contentieux et de la Justice Militaire (Cabinet), un exemplaire des documents dont il s'agit, ainsi qu'un exemplaire de chacun des autres documents qui viendraient à être produits.

En outre, vous voudrez bien me rendre compte, sous le timbre précité, des suites de l'affaire vous concernant et des décisions intervenues.

Signé : Louis BARTHOU.

Transmis à M. le Général commandant la Subdivision d'Oran sous couvert de M. le Général commandant la Division d'Oran.

N° 121 C. cl.   Alger, le 4 mars 1921.

Le Général PAULINIER, commandant le 19ᵉ corps d'armée.
P. O et pour le Chef d'État-Major,
Signé : CHAUME.

Transmis à M. le Général DIDIER, commandant la 2ᵉ Brigade d'Infanterie d'Algérie et la Subdivision d'Oran.

N° 118 C/4   Oran, le 7 mars 1921,

Le Général CHERRIER, commandant la Division d'Oran.
Signé : CHERRIER.

19ᵉ Corps d'Armée
—

Division d'Oran
—

2ᵉ Brigade d'Infanterie
d'Algérie et Subdivision d'Oran
—

N° 275 C.
—

OBJET
Affaire CHAPELANT
—

Oran, le 8 mars 1921.

Le Général DIDIER, commandant la 2ᵉ Brigade d'Infanterie d'Algérie et la Subdivision d'Oran à M. le Ministre de la Guerre (Direction du Contentieux et de la Justice Militaire. Cabinet).

Paris.

En exécution des prescriptions de votre Dépêche du 25 février dernier N° 2102 K (Cabinet du Ministre, 3ᵉ bureau, Correspondance Générale) j'ai l'honneur de vous faire parvenir, ci-joint, un exemplaire des documents qui étaient joints à ma lettre N° 27 C, du 7 janvier dernier, vous demandant l'autorisation d'exercer des poursuites contre un journal local *La Lutte Sociale* qui publie des articles diffamatoires à mon égard, au sujet de l'affaire CHAPELANT.

J'ai eu, ce matin, une entrevue à ce sujet avec Mᵉ BOLUIX-BASSET que j'ai choisi comme avocat. Il estime que l'affaire doit être portée le plus rapidement possible devant la Cour d'Assises.

Je vous adresserai une copie de l'assignation dès qu'elle aura été lancée ainsi que des copies des autres documents que mon avocat estimerait nécessaires. Jusqu'à présent Mᵉ BOLUIX-BASSET ne désire,

3

en plus des copies des documents ci-joints, que des lettres personnelles d'officiers ou d'hommes de troupe qui ont servi sous mes
ordres, et les documents ci-après dont les copies sont ci-incluses...

Signé : L. DIDIER.

19° Corps d'Armée   Oran, le 29 juin 1921.

Division d'Oran

2° Brigade d'Infanterie
d'Algérie et Subdivision d'Oran   Le Général DIDIER, commandant la 2° Bri-
                                     gade d'Infanterie d'Algérie et la Subdi-
N° 800 C   vision d'Oran, à M. le Ministre de la Guerre
                                     (Direction du Contentieux et de la Justice
Objet   Militaire. Cabinet).

Affaire CHAPELANT   Paris.

Conformément aux instructions contenues dans votre Dépêche
Nᵒ 2102 K, du 25 février 1921, et pour faire suite à ma lettre Nᵉ 275 C,
du 8 mars dernier, j'ai l'honneur de vous adresser ci-inclus :

1) sous bordereau, les copies des documents que j'ai remis à mon
avocat, Mᵉ BOLUIX-BASSET, depuis l'envoi de ma lettre précitée du
8 mars ;

2) l'*Union des Soldats de la Grande Guerre*, du samedi 26 mars 1921 ;

3) *Le Mutilé de l'Algérie*, du dimanche 24 avril 1921 ;

4) *La Lutte Sociale*, du samedi 2 avril 1921 ;

5) *La Lutte Sociale*, du samedi 7 mai 1921 ;

6) Copie de la lettre du 28 juin courant de mon avocat, Mᵉ BOLUIX-
BASSET.

Partageant la manière de voir exprimée par Mᵉ BOLUIX-BASSET j'ai
renoncé à exercer des poursuites contre les journaux ci-dessus qui
ont, en effet, rétracté les calomnies et les mensonges qu'ils avaient
colportés contre moi.

Quant aux journaux de France qui m'ont diffamé, il m'est impossible de les poursuivre ; je n'ai aucune fortune personnelle et il y a,
d'ailleurs, prescription, au sujet des articles qu'ils ont publiés à
propos de l'affaire CHAPELANT.

Signé : L. DIDIER.

Pièces jointes. — A. - Lettre de M* Boluix-Basset.

Boluix-Basset, avocat
1, rue de Belleville, Oran   Oran, le 28 juin 1921.
Téléphone : 8-00
—

Mon cher Général et ami,

J'ai l'honneur de vous confirmer que la Requête nécessaire à votre procès en diffamation contre *La Lutte Sociale* m'est parvenue il y a quelque temps déjà. Elle est signée par M. le Conseiller JUNILHON. L'assignation est également prête, puisque vous avez l'autorisation de M. le Ministre de la Guerre. Votre Instance est donc au point.

Néanmoins, après les évènements de ces jours derniers, et la rectification si documentée, parue dans *La Lutte Sociale* au sujet de votre attitude dans l'affaire CHAPELANT, je crois de mon Devoir de vous conseiller de ne plus donner suite à votre idée de poursuivre vos diffamateurs en Cour d'Assises.

Vous avez obtenu, en effet, la satisfaction que vous étiez en droit d'espérer et votre attitude est suffisamment précisée pour ne laisser place à aucune équivoque.

Dans ces conditions, votre Procès n'a plus de raison d'être et il serait inopportun de persister à vouloir l'engager ; votre haute situation militaire, à mon avis, vous fait un devoir d'éviter du bruit autour de votre nom, quand votre honorabilité n'est plus en jeu.

Je suis convaincu que vos chefs penseront comme moi et que les autorités civiles et judiciaires vous sauront gré de votre geste généreux, qui évitera le tapage que ne manqueraient pas de susciter vos adversaires, autour d'une affaire qu'ils exploiteraient très certainement au mieux des intérêts de leur théorie néfaste.

D'autre part, les articles élogieux parus dans les journaux des Mutilés d'Alger et des Démobilisés d'Oran, émanant, par conséquent, de groupements qualifiés et respectables, complètent, de très heureuse façon, celui de *La Lutte Sociale* et détruisent définitivement les calomnies dont vous avez été l'objet.

Vous voudrez bien me permettre de vous parler en ami et de vous dire que vous auriez tort de n'être pas satisfait et de vouloir poursuivre quand même.

M. le Ministre de la Guerre, j'en suis convaincu, ne manquera pas d'apprécier votre geste comme il convient et de vous rendre la justice à laquelle vous avez droit.

J'ose espérer que vous voudrez bien me faire confiance et écouter les conseils d'un ami véritable et sincère, qui est heureux de constater que vos adversaires ont reconnu leur tort et n'ont pas hésité à rendre hommage à votre loyauté.

Veuillez croire, mon cher Général et ami, à l'assurance de mon dévouement et de ma très amicale considération.

Signé : BOLUIX-BASSET.

19ᵉ Corps d'Armée

Division d'Oran

2ᵉ Brigade d'Infanterie
d'Algérie et Subdivision d'Oran

N° 1480 C

OBJET
au sujet de l'affaire CHAPELANT

Oran, le 16 décembre 1922.

Le Général DIDIER, commandant la 2ᵉ Brigade d'Infanterie d'Algérie et la Subdivision d'Oran, à M. le Ministre de la Guerre (Cabinet).

à Paris.

Un certain nombre de journaux, en particulier *Le Matin*, *Le Journal* et l'*Echo d'Oran* (journal local) ont fait paraître, le 6 courant, l'article ci-après :

« Deux réhabilitations »

Le sous-lieutenant Chapelant et le soldat Bersot

« M. BONNEVAY, Garde des Sceaux, usant du droit que lui confère l'article
« 20 de la loi du 29 avril 1921, a décidé de saisir la Chambre des mises en
« accusation compétente, aux fins de révision, de deux jugements de Conseils
« de Guerre spéciaux, qui, aux dates des 10 octobre 1914 et 12 février 1915,
« ont condamné le sous-lieutenant CHAPELANT du 98ᵉ régiment d'infanterie, et
« le soldat BERSOT, du 60ᵉ régiment d'Infanterie, à la peine de mort, le pre-
« mier pour capitulation en rase campagne, le second pour refus d'obéissance
« en présence de l'ennemi ».

Je n'ai pas pu trouver jusqu'à présent cette décision au Journal Officiel.

Dans le cas où il y aurait Révision, j'ai l'honneur de vous demander de vouloir bien me faire citer comme témoin.

Je tiens, en effet, à pouvoir mettre au point à cette révision, s'il y sont de nouveau proférés, les mensonges, diffamations et calomnies dont je suis plus qu'abreuvé depuis 6 ans et devant lesquels je me suis tû jusqu'au bout par respect de la discipline militaire.

Conformément à votre Dépêche, N° 2102 K, du 25 février 1921 (Cabinet du Ministre 3ᵉ Bureau. Correspondance générale), je vous ai adressé tous les renseignements relatifs à cette affaire, sous le timbre de votre « Direction du Contentieux et de la Justice Militaire. Cabinet », par mes lettres Nᵒˢ 275 C, 297 C, et 800 C, des 8 mars, 14 mars et 29 juin derniers.

Signé : L. DIDIER.

Ministère de la Guerre

Direction du Contentieux
et de la Justice Militaire

Cabinet du Directeur
N° 17 C/10

Paris, le 6 janvier 1922.

Le Ministre de la Guerre à M. le Général
DIDIER, commandant la 2ᵉ Brigade
d'Infanterie d'Algérie à Oran.
(S/C du général commandant le 19ᵉ corps
d'armée à Alger).

En réponse à votre lettre du 16 décembre 1921, N° 1480/C, j'ai l'honneur de vous faire connaître qu'effectivement M. le Garde des Sceaux, Ministre de la Justice, a décidé, en vertu de l'article 20 de la loi du 29 avril 1921, de soumettre à l'examen de la Chambre des Mises en accusation près la Cour d'Appel de Riom l'affaire du sous-lieutenant CHAPELANT.

Par ce même courrier, j'informe M. le Procureur Général à Riom de votre désir d'être entendu comme témoin.

J'ai ajouté que je tenais à sa disposition le dossier que vous m'avez transmis relativement à la campagne de presse menée contre vous.

Pour le Ministre et par son ordre,
Le Directeur du Contentieux et de la Justice Militaire :
Signé : FILIPPINI.

Transmis (N° 4 ch)
cel

Alger, le 12 janvier 1922.

Le Général PAULINIER, commandant le 19ᵉ corps d'armée
P. O. et pour le Chef d'Etat-Major,
Signé : C. BUFFE.

Arrêt du 3 Août 1923 de la Cour de Cassation
(Chambre Criminelle)

DÉCLARE ne pouvoir se prononcer sur des irrégularités de forme, et que, sur ce point, les moyens de nullité relevés par la Cour d'Appel sont irrecevables.

RETIENT à la charge de CHAPELANT qu'il avait pris le commandement de la 3ᵉ Compagnie à la mort du capitaine RIGAULT ; qu'il s'est rendu dans les lignes Allemandes avec une trentaine de ses hommes ;

Qu'il a agité son mouchoir, faisant signe de se rendre aux soldats restés dans la tranchée ;

Qu'aussitôt il tomba atteint d'une balle française ;

Qu'à l'unanimité il a été reconnu coupable d'avoir capitulé en rase campagne en faisant poser les armes à sa troupe et en l'entraînant dans sa capitulation, sans avoir, au préalable, fait ce que lui prescrivaient le Devoir et l'Honneur.

ESTIME que le Conseil de Guerre paraît s'être fondé principalement sur les aveux de CHAPELANT ;

Que malgré qu'il soit soutenu que ceux-ci étaient les déclarations

d'un homme inconscient, ils ont été corroborés par une enquête antérieure et renouvelés devant le Conseil de Guerre ;

Qu'on ne peut mettre en doute la portée de tels aveux, même si on
admet comme certain qu'il ait, au moment de l'exécution, protesté
de son innocence ;

Que des témoignages prouvent que CHAPELANT n'était pas cerné,
mais qu'il avait cru l'être par suite de fausses indications ; que les
déclarations de GROSLERON prouvent que les munitions ne man-
quaient pas, celui-ci ayant retrouvé le lendemain des bandes de cartouches ;

Que la pression des Allemands fut infime ;

Que les témoins ne contestent pas la reddition ;

Que la déclaration du lieutenant de TROISMONTS est sans portée à
l'égard de la culpabilité de CHAPELANT.

Que, même si l'on admet que l'article 210 du code de Justice militaire ne paraisse pas applicable aux faits tels qu'ils résultent de l'enquête, ces faits constituent, soit l'abandon de poste en présence de
l'ennemi, soit la désertion à l'ennemi, crime également puni de la
peine de mort.

Que, dans ces conditions, il ne résulte, ni de l'enquête, ni de l'arrêt
de la Chambre des mises en accusation, aucun motif de réformation.

Pour ces motifs rejette la demande :

André BOULACHE, Président.

LECHARBONNIER, Conseiller rapporteur.

MORNET, Avocat Général.

19ᵉ Corps d'Armée	
—	Oran, le 6 avril 1925.
Division d'Oran	
	Le Général DIDIER, commandant la 2ᵉ Bri-
2ᵉ Brigade d'infanterie	gade d'Infanterie d'Algérie et la Subdi-
d'Algérie et Subdivision d'Oran	vision d'Oran, à M. le Ministre de la Guerre
	(Cabinet du Ministre et Direction du
Etat-Major	Contentieux et de la Justice Militaire,
—	Cabinet du Directeur).
Nᵒ 134 c	
	Paris.

Pour faire suite à ma lettre Nᵒ 99. C., du 12 mars, et à mon mémoire
Nᵒ 112 C. du 18 mars, j'ai l'honneur de vous demander de vouloir bien
m'autoriser :

1) par application du 2ᵉ paragraphe de l'article 20 du Règlement
sur la Discipline Générale, à publier le manuscrit ci-joint sur l'affaire
CHAPELANT (réfutation de la thèse, calomnieuse pour moi, de M. Henri
GUERNUT, secrétaire général de la Ligue des Droits de l'Homme),

Les documents militaires importants qui figurent dans ce manuscrit, sont ceux que votre prédécesseur, M. BARTHOU, m'avait autorisé

à utiliser pour ma défense publique par sa Dépêche N° 2102 K. du 25 février 1921.

2) à envoyer un exemplaire de cette réfutation à chacun des Membres du Parlement (comme l'a fait M. GUERNUT) et aux journaux impartiaux, tels que : *Le Temps, Le Matin, Le Journal, l'Echo de Paris*, etc...

3) à envoyer des exemplaires aux ligues qui voudraient bien s'intéresser à ma cause. Je serais seul, autrement, contre la Ligue de M. Henri GUERNUT, lequel, d'après sa thèse même, a « vaincu l'hostilité du Parlement » et « fléchi le Gouvernement » et compte sur « l'entêtement de sa Ligue » pour « arracher » une réhabilitation de CHAPELANT à la Cour de Cassation.

Signé : DIDIER.

Reçu directement par le Général DIDIER, le 18 mai 1925.

<table>
<tr><td>Ministère de la Guerre
—
Cabinet du Ministre A. B.
—
10.661 2/10
—</td><td>RÉPUBLIQUE FRANÇAISE
—
Paris, le 14 mai 1925.
Le Président du Conseil, Ministre de la Guerre au Général DIDIER, commandant la 2° Brigade d'Infanterie d'Algérie
Oran.</td></tr>
</table>

Par votre lettre N° 134/C, du 6 avril dernier, vous m'avez demandé l'autorisation de publier un manuscrit se rapportant à des évènements de la Guerre de 1914-1918 et concernant l'affaire CHAPELANT.

J'ai l'honneur de vous faire connaître que, la Cour de Cassation étant saisie de cette affaire, j'estime que la publication de ce mémoire serait de nature à ouvrir une polémique inopportune.

Il ne m'est pas possible, dans ces conditions, de vous accorder l'autorisation prévue par le 2e paragraphe de l'article 28 du Règlement du Service dans l'Armée, Discipline Générale.

Pour le Ministre de la Guerre et par son ordre.
Le Général Chef de Cabinet
Signé : VIDALON.

9 Novembre 1927
—

Extrait des minutes de la Cour de Cassation,
Toutes Chambres Réunies.

A l'audience publique de la Cour de Cassation, toutes Chambres Réunies, tenue au Palais de Justice à Paris, le 9 novembre 1927.

Sur le réquisitoire de M. le Procureur Général près la Cour de Cassation d'Ordre de M. le Garde des Sceaux, Ministre de la Justice, tendant à l'annulation d'un jugement rendu le 10 octobre 1914 par le Conseil de Guerre spécial du 98° Régiment d'Infanterie qui a condamné le sous-lieutenant CHAPELANT à la peine de Mort, pour capitulation.

La Cour de Cassation, toutes Chambres Réunies :

Ouï, en l'audience publique de ce jour, M. le Conseiller LOMBARD en son rapport, Mᵉ HERSANT en ses observations, M. le Procureur Général LESCOUVÉ en ses réquisitions, après en avoir délibéré conformément à la loi ;

Vu le réquisitoire du Procureur Général près la Cour de Cassation en date du 3 avril 1926 et le mémoire de Mᵉ HERSANT au nom de CHAPELANT père ;

Vu la lettre du Garde des Sceaux, Ministre de la Justice en date du 28 février 1925 ;

Vu l'arrêt de la Chambre Criminelle de la Cour de Cassation en date du 3 août 1923 ;

Vu l'article 16 de la loi du 3 janvier 1925 ;

Attendu qu'il résulte de l'enquête à laquelle il a été procédé par la Chambre des Mises en accusation de la Cour d'Appel de Riom que, dans la matinée du 7 octobre 1914, la 3ᵉ Compagnie du premier bataillon du 98ᵉ régiment d'infanterie, qui occupait le secteur des Loges près de Roye, subit un bombardement violent, et que, le capitaine RIGAULT ayant été tué, le commandement de cette compagnie passa au sous-lieutenant CHAPELANT, seul officier survivant, chef de la section de mitrailleuses ; que, peu après, ce sous-lieutenant et une trentaine de ses hommes déposèrent leurs armes et se rendirent dans les lignes ennemies ; que, bientôt, on aperçut cet officier agitant son mouchoir et faisant signe aux soldats restés dans la tranchée de se rendre également, mais qu'aussitôt il tomba atteint par une balle française et que, grièvement blessé à la cuisse, c'est le 9 octobre seulement qu'il fut ramené du côté français, après avoir passé deux jours et deux nuits entre les lignes ;

Attendu que, traduit à raison de ces faits devant un Conseil de Guerre spécial, il a été à l'unanimité reconnu coupable d'avoir capitulé en rase campagne en faisant poser les armes à sa troupe et en l'entraînant dans sa capitulation sans avoir au préalable fait ce que lui prescrivaient le devoir et l'honneur ; qu'il a été condamné à mort, et le lendemain passé par les armes ;

Attendu qu'une demande en réformation formée par application de l'article 20 de la loi du 29 avril 1921 a été rejetée par un arrêt de la Chambre Criminelle de la Cour de Cassation, en date du 3 août 1923, aux termes duquel il ne résultait ni de l'enquête ni de l'arrêt de la Chambre des Mises en accusation de Riom aucun motif de réformation ;

Attendu que la Cour de Cassation, toutes Chambres réunies, saisie en vertu de l'article 16 de la loi du 3 janvier 1925, est appelée à statuer définitivement sur le fond ;

Attendu que la condamnation prononcée par le Conseil de Guerre paraît fondée principalement sur le double aveu que CHAPELANT a fait devant le capitaine GRAPIN, chargé par le Général de Division de faire une enquête sur les évènements du 7 octobre, et le lendemain, devant le Conseil de Guerre ; aveux qu'il a signés de sa main ;

Attendu que CHAPELANT a fait des évènements un récit circonstancié ; qu'il a reconnu tous les faits relevés contre lui tant devant le capitaine GRAPIN, quoique celui-ci lui eût fait remarquer la gravité de ses déclarations, que devant le Conseil de Guerre où il était assisté d'un défenseur ; qu'il est donc difficile de mettre en doute la portée de ces aveux, mêmes si l'on admet qu'au moment de l'exécution il ait protesté de son innocence, et qu'ils n'apparaissent pas comme l'œuvre d'un inconscient ;

Attendu, d'autre part, que, en dehors des aveux, la preuve des faits imputés à CHAPELANT, résulte de l'enquête, que, sans doute les témoins MONIER, PEILLON, MORTON, DUFFOUR, affirment qu'au moment où ils s'étaient décidés à se rendre, ils s'étaient, par suite des fausses indications que leur avait fait parvenir le sergent-major GIRODIAS qui commandait une section voisine, crus cernés, et aussi parce qu'ils n'avaient plus de munitions, — mais attendu qu'il est établi par la déposition du lieutenant GROSLERON que, si les mitrailleuses avaient été mises hors de service, il restait des cartouches utilisables, dont CHAPELANT lui-même avait ordonné de faire emploi ;

Attendu, en outre, que la tranchée n'a été ni prise ni occupée par l'ennemi, que tout en cherchant à expliquer la conduite de leur chef, les témoins sus-visés ont reconnu qu'ils étaient sortis de la tranchée dans l'intention de se rendre, en jetant leurs armes et précédés par CHAPELANT ;

Attendu, en ce qui concerne la déclaration du Commandant DE TROISMONT, que celui-ci, appelé postérieurement à faire une enquête sur les évènements du 7 octobre 1914, a pu manifester sa surprise de ce que, quelques jours après la condamnation de CHAPELANT, quatre prévenus poursuivis pour s'être rendus à l'ennemi le même jour, aient été acquittés par le motif qu'ils n'avaient agi que « sous la plus abominable pression de leur chef », alors qu'en se reportant à la procédure suivie contre CHAPELANT, on constatait que ce dernier n'avait pas exercé de pression sur ces hommes, mais s'était borné à sortir avec eux de la tranchée ;

Attendu que cette déclaration est sans portée en ce qui concerne la culpabilité de CHAPELANT ;

Attendu dès lors que l'examen des faits et circonstances de la cause ne permet pas d'accueillir la demande ;

Attendu enfin que, même si l'on admet que l'article 210 du code de Justice Militaire ne paraisse pas applicable aux faits tels qu'ils résultent de l'enquête, ces faits constituent soit l'abandon de poste en présence de l'ennemi, soit la désertion à l'ennemi, crimes également punis de la peine de mort ;

PAR CES MOTIFS — Rejette la requête de M. le Procureur Général.

Et statuant sur la demande de la partie intervenante, la déclare, par les mêmes motifs, mal fondée en icelle, l'en déboute ;

Ainsi jugé et prononcé par la Cour de Cassation, toutes Chambres Réunies, en son audience publique du neuf novembre mil neuf cent vingt sept.

II. - RÉFUTATION DE L'OPUSCULE GUERNUT.

Henri GUERNUT
Secrétaire Général de la Ligue

—

L'AFFAIRE CHAPELANT

—

Prix : **Un franc**

—

PARIS
LIGUE DES DROITS DE L'HOMME
10, Rue de l'Université VIIe
1924

—

Discours prononcé à Lyon le 28 septembre 1924 par M. Henri GUERNUT, Secrétaire Général de la Ligue.

I. - Le Drame

Le 7 octobre 1914, aux environs de Roye dans la Somme, une attaque allemande à l'effectif d'une brigade se déclanchait contre le Bois des Loges, tenu, de notre côté, par le 98e Régiment d'Infanterie que commandait le Lieutenant-Colonel DIDIER.

Réponse du Général Didier

•

D'après les ordres d'attaque du Général Von Lisingen, commandant le 2e C. A. Allemand et du Général Gentner, commandant la 8e Brigade et l'attaque, cette attaque comprenait :

1 Bataillon du 9e grenadiers,

3 Bataillons (moins une Compagnie) du 49e Poméranien,

3 Bataillons du 140e Polonais (déjà mouché le 5 octobre par le 98e),

1 Compagnie du Génie.

Mais 3 bataillons seulement devaient attaquer d'abord :

Le Bataillon du 9e Grenadiers (venant de Rue de l'Abbaye) entre la voie ferrée et les Loges ;

1 Bataillon du 140e (venant d'entre Rue de l'Abbaye et Crapeaumesnil) sur la moitié Nord de la lisière Est des Loges.

1 Bataillon du 49e (venant de Crapeaumesnil) sur la moitié Sud de cette lisière.

Le Bataillon du 9e Grenadiers s'est

heurté à la 3ᵉ Compagnie du 98ᵉ ; à la S. M. Chapelant et à la 8ᵉ Compagnie du 16ᵉ.

Les 2 autres Bataillons se sont heurtés aux 10ᵉ et 11ᵉ Compagnies du 98ᵉ étayées par la 9ᵉ.

En outre, l'attaque a été dissociée par le tir de barrage de mon artillerie.

Les 2 Compagnies de tête du Bataillon du 9ᵉ Grenadiers n'avaient que leurs premières sections en avant de ce barrage lorsqu'il a commencé. Ces sections continuaient à avancer malgré le tir de mes fantassins et de la S. M. Chapelant.

Je les ai arrêtées net à 100 mètres devant les tranchées de ma 3ᵉ en faisant raccourcir, jusqu'à cette distance, le tir à la Batterie Faure. Quelques rares Allemands seulement sont arrivés plus près et ont été pris ou tués (deux à 2 ou 3 mètres devant la tranchée, un dans la tranchée, trois à une trentaine de mètres au delà).

Les 2 autres Bataillons ont eu des éléments de leurs Compagnies de tête qui ont pu pénétrer dans le village. Ils y ont buté sur ma barricade et sur la S. M. Barnichon et ils y ont été ramassés par mes compagnies de contre-attaque (1).

Tout le reste des 3 Bataillons d'attaque est resté sur le terrain tué (2) par les obus et les balles, ou s'est enfui... sauf 200 ou 300 Poméraniens enragés qui ont cherché à se cramponner au terrain sur un front d'au moins 600 mètres.

Les 4 autres Bataillons, maintenus, au début, loin en arrière (3)... y sont restés.

---

(1) Au total avec les blessés, j'ai fait, en chiffres ronds, 400 prisonniers.
(2) Les Allemands ont laissé au moins 700 cadavres sur le terrain.
(3) Crapeaumesnil (partie Nord) et Beuvraignes.

Chapelant, sous-lieute-nant mitrailleur se trouvait avec sa section au Nord du Bois entre le château et la voie ferrée, à l'extrême gau-che de la 3e Compagnie.

A cinq heures du matin, après un bombardement d'une rare violence, les Alle-mands montent à l'assaut de nos tranchées. Ils arri-vent à une centaine de mè-tres, nos mitrailleuses les fauchent et les arrêtent. Ils reviennent en force, le com-bat s'avive. Une des mitrail-leuses de la section Chape-lant est immobilisée ; Cha-pelant tire avec l'autre ; on voit sur les uniformes enne-mis se détacher de larges morceaux d'étoffes sous l'ef-fet des balles brûlantes. Mais les Allemands sont trop nombreux, ils appro-chent, ils sont maintenant à 40 mètres, à 30 mètres, à 20 mètres. Qu'importe ! la mi-trailleuse qui dévore les bandes les maintient en avant.

Tout ça est inexact. Voir les cartes ci-jointes.

C'est exact pour l'heure de l'attaque ainsi que pour la violence (et j'ajoute-rai pour la durée) du bombardement qui avait commencé à 4 h. 15. Mais tout le reste est du pur roman homé-rique (voir mes comptes-rendus de 5 heures, 5 h. 30, 7 heures et 10 h. 30).

J'ai lancé ma contre attaque à 6 h.

A 7 heures le combat était complète-ment terminé et tous les Allemands qui avaient franchi mes tranchées ou pé-nétré dans le village étaient tués ou prisonniers.

Une mitrailleuse dont les servants sont braves, n'a pas besoin de « dévo-rer des bandes » pour maintenir quel-ques assaillants à 20 mètres. Un tir, ajusté, de quelques cartouches suffit pour envoyer ces assaillants dans l'au-tre monde.

Aucun vrai Poilu ne se permettrait de débiter des calembredaines comme celles qui sont racontées sérieusement ci-contre. Ces calembredaines ne sont intéressantes que si on les rapproche de l'extrait ci-après du carnet de route du Lieutenant Lemoël (1).

« 2 octobre. A 20 heures, la fusillade commence sur toute la ligne, *sans rai-son, Chapelant enraye ses deux pièces, après avoir brûlé toutes ses munitions.* J'arrive à arrêter la tiraillerie et je donne à Chapelant l'ordre de réparer rapidement ses pièces ». Et moi, Lieu-tenant Colonel Didier aussitôt prévenu, j'envoie 2 caissons ravitailler en muni-tions. Je constate toutefois, à ce mo-

(1) Extrait qui montre bien la mentalité de Chapelant dès le 2 octobre.

A droite le capitaine Rigaut de la 3ᵉ Compagnie est tué,

Chapelant était, après lui, l'officier le plus élevé en grade, c'est à lui que revient le commandement.

ment, que *Chapelant m'a encore désobéi*, car, au lieu d'être à la gauche de la 3ᵉ (pour flanquer mon front Nord), il était avec la 9ᵉ *pour faire plaisir à ses hommes qui tenaient à être tout près du village.*

Le Capitaine Rigault, commandant la 3ᵉ Compagnie, a été tué, un peu après 10 h. 1/2, d'une balle à la tête, en observant, par dessus la tranchée, quelques Boches (une cinquantaine au grand maximum) qui, sous l'autorité d'un Capitaine « parlant français, blessé et ayant l'écume à la bouche » cherchaient à se cramponner au terrain, en face de la 3ᵉ, sur la « ligne de mort » c'est-à-dire sur la ligne où les obus du capitaine Faure avaient arrêté leurs camarades pour l'éternité. La S. M. de Chapelant ne gênait donc guère ces Boches, malgré les bandes « qu'elle dévorait » d'après M. Guernut.

C'était et c'est encore le règlement.

Mais Chapelant ne s'y est pas conformé. Il a laissé « son ami » le sergent-major Girodiaz prendre le Commandement de la 3ᵉ… et, *il l'a suivi, quand celui-ci est allé se rendre à l'ennemi avec une partie de ses hommes.*

(Voir les dépositions du 16 juin 1919 du caporal Duffour et du sergent Barral ; du 6 janvier 1920 du soldat Coulisson ; du 19 juin 1919 du mitrailleur Monier ; du 15 novembre 1919 du mitrailleur Peillon ; du 27 mai 1919 du caporal mitrailleur Morton ;

Les aveux écrits de Chapelant du 9 octobre 1914 ;

La lettre nº C/5759 du 21 novembre 1915, du Lieutenant-Colonel Frantz, commandant le 98ᵉ, au Commandant du Dépôt ; la lettre du 28 décembre 1921 du capitaine de réserve Louis Mercier : « J'ai été témoin du passage à l'ennemi du groupe des vôtres. J'ai dû tirer sur

Le sergent-major Girodiaz de la 3ᵉ section, lui fait dire que les Allemands occupent le village à l'arrière.

« En êtes-vous bien sûr ? répond Chapelant.

— On me le dit.

— Assurez vous en. Envoyez un homme.

— Je l'ai fait ; l'homme a été tué.

— Envoyez en un autre.

Et l'on continue de tenir.

Or, voici qu'un éclat d'obus tombe sur l'unique mitrailleuse et la bloque.

« Prenez vos mousquetons s'écrie Chapelant.

l'un d'eux qui invitait à se rendre les soldats de la Compagnie Rigault restés dans leur tranchée » ; les lettres de l'abbé Lestrade, du colonel Gaube, du commandant Faure, etc., etc...)

Déformation tendancieuse des aveux précités de Chapelant.

L'occupation du village par les Boches est un mensonge. C'étaient ma 11ᵉ Compagnie, la 8ᵉ Compagnie du 16ᵉ, et la S. M. Burnichon qui occupaient le village.

Le Commandant du Bataillon (capitaine Hérail) et moi, nous étions, en outre, en liaison par des coureurs avec la 3ᵉ. Nous avons su, ainsi, presque de suite, la mort du capitaine Rigault et, de suite, le passage à l'ennemi de Girodiaz et de Chapelant.

Contre qui ? La 3ᵉ, avec la S. M. Chapelant, comptait encore au moins 120 hommes... et il n'y avait plus devant elles, à 80 mètres au moins, qu'une cinquantaine de Boches, au grand maximum. C'étaient ces Boches qui tenaient.

Mensonge. A l'époque, c'était un enrayage qui avait arrêté le tir de la mitrailleuse de droite, (près de laquelle était Chapelant), un peu avant qu'elle soit atteinte. Dans sa déposition du 15 novembre 1919, le tireur transfuge Peillon déclare que c'est une balle qui a frappé le radiateur et une autre qui a frappé ensuite le couvert mobile de la boîte de culasse. Dans sa déposition du 27 mai 1919 le caporal Morion parle également de 2 balles.

S'il l'a réellement dit ses mitrailleurs ne l'ont pas fait. Il n'avait, d'ailleurs, qu'à faire, lui-même, le coup de feu, comme le faisaient tous les autres officiers du Régiment dans des circonstances analogues.

Enfin, il n'avait plus à ce moment, à

donner un ordre aussi puéril aux quatre seuls mitrailleurs près de lui. *Son devoir était de commander le feu de la 3° et de tous ses mitrailleurs (ceux de sa pièce de gauche y compris).*

Mais les munitions s'épuisent.

Mensonge. J'ai constaté, moi-même, qu'il restait encore au moins 1500 cartouches dans la tranchée abandonnée par Girodiaz et j'ai ramassé, là où était la pièce de Chapelant, une quarantaine de bandes encore garnies que j'ai fait rapporter à mon P. C.

Les ennemis sont en avant, à droite, à gauche.

Mensonge. Voir les cartes ci-jointes. La cinquantaine de Boches cherchant à se cramponner au terrain devant la 3ᵉ et la S.M. Chapelant étaient à 80 mètres au moins devant elles... sur une ligne parallèle à leurs tranchées, lesquelles étaient en ligne droite. On n'a jamais vu, que je sache, une ligne droite encerclée par une autre ligne droite parallèle à elle.

On les croit en arrière.

Mensonge (voir plus haut, occupation du village).

La 3ᵉ Compagnie s'en va vers les lignes allemandes.

Ça, c'est l'aveu franc du passage de Girodiaz à l'ennemi, mais avec une inexactitude grave pour l'effectif des transfuges de la 3°.

23 hommes seulement de la 3ᵉ ont suivi Girodiaz.

80 hommes et 4 sergents de cette compagnie ont continué à faire leur devoir.

M. Guernut, si dramatiquement sensible plus loin pour la douleur du père de Chapelant est sans aucune pitié pour celui de Girodiaz.

Ça n'est pas chic du tout (1).

Chapelant se lève.

Du moment qu'il s'est levé, c'est qu'il était assis ou couché dans sa tranchée. Bost m'a dit, le 7 au soir, qu'il était

---

(1) Ce qui est assez curieux à remarquer aussi c'est que, là encore, M. Guernut pioche dans les fameux aveux de Chapelant, qu'il va cependant déclarer, un peu loin « inexistants et sans intérêt ».

Il n'a plus avec lui que 4 hommes. Les Allemands les cernent, les emmènent.

Et ici deux versions.

Selon les uns, Chapelant, pendant qu'on le conduit vers la tranchée Allemande, est blessé et tombe.

Selon d'autres il était déjà dans la tranchée allemande ; à la faveur du brouillard il veut s'évader.

Comme il revenait vers nos lignes une balle le jette sur le talus de la voie. Il y demeure, sans mouvement, deux jours et deux nuits.

Voilà le premier acte.

**

Second acte. — Le 9 octobre, vers 10 heures, un officier de chasseurs rencontre les brancardiers du régiment : « Un de vos Officiers, leur dit-il, est étendu blessé à 50 mètres environ de notre

couché. C'est une singulière position pour voir ce qui se passe et pour commander ! !

Mensonge. Chapelant s'est levé du fond de sa tranchée pour suivre les transfuges de la 3ᵉ avec les 4 mitrailleurs qui étaient *à côté* de lui... Mais il avait encore sous ses ordres, c'est-à-dire avec lui, une centaine d'hommes. *Tout le reste de sa section* ne l'a pas plus suivi chez les Boches que tout le reste de la 3ᵉ n'a suivi Girodiaz.

(Voir les dépositions du 16 janvier 1919 du caporal Duffour et du sergent Barral ; du 6 janvier 1920 du soldat Coutisson ; du 19 juin 1919 du mitrailleur Monier ; du 15 novembre 1919 du mitrailleur Peillon ; du 27 mai 1919 du caporal mitrailleur Morton ; les aveux de Chapelant du 9 octobre et son interrogatoire du 10, etc., etc...)

Deux mensonges.

Chapelant a suivi Girodiaz vers 11 heures. Le même jour, vers 13 h. 45, il a, sans faire de difficultés, accepté du Capitaine allemand précité, d'agiter un mouchoir blanc devant une tranchée française qui tenait bon, afin de faire rendre, à leur tour, les braves qui la défendaient. Ceux-ci lui ont répondu en lui tirant dessus.

(Voir les dépositions : du 16 juin 1919 du soldat Lacroix, précitées du caporal Dufour, du mitrailleur Monier, les aveux de Chapelant du 9 octobre, etc., etc...)

**

Déformation tendancieuse de la vérité.

« Sur l'ordre du médecin Major Arna-« vielhe, le médecin auxiliaire Percheron « et moi restâmes au Poste de secours des « Loges pour assurer les soins et l'évacua-« tion des blessés français et allemands qui

première ligne, tout contre le chemin de fer ». Ils y vont, ils trouvent, en effet, sur le talus, le lieutenant Chapelant, pâle, dans un état de faiblesse extrême, la jambe gauche fracturée au tibia. Ils le transportent au poste de secours où, après un pansement sommaire, on l'évacue à quelques kilomètres en arrière à l'ambulance du Plessier.

« Je ramenais votre fils sur « ma voiture, écrit, à M. Cha- « pelant père, M. Bierce, de « Saint-Léger sur Roanne (12 « janvier 1920). Il souffrait « beaucoup de sa blessure et « me priait à chaque instant de « m'arrêter pour lui permettre « de soulager sa souffrance. « J'ai fait tout ce que j'ai pu, « j'allais chercher un peu de « paille qui se trouvait aux « alentours de la ferme des « Loges, pour mettre au bran- « card à l'endroit où reposaient « ses 2 jambes blessées de ma- « nière que les secousses de « cette grosse voiture sans res- « sort lui paraissent plus dou- « ces. »

Troisième acte. — Du fond de son gourbi garni de matelas, le lieutenant-colonel Didier juge que Chapelant n'a pas été pris mais qu'il s'est rendu.

« Qu'on aille le chercher, je le ferai fusiller pour l'exemple. »

« remplissaient encore ce poste de secours. « C'est dans ces conditions que nous fûmes « avertis, par un brancardier étranger à « notre régiment, qu'un de nos officiers, « blessé, attendait les brancardiers dans la « maisonnette située près de la voie ferrée « en avant du village des Loges. »

« L'officier blessé était Chapelant. »

« Amené au Poste de secours, on put « constater une *plaie en sélon du genou* par « balle. L'articulation était intéressée par le « trajet. L'orifice d'entrée était sur la par- « tie antérieure près de la rotule, l'orifice « de sortie dans le creux poplité. Selon « toutes probabilités, *la blessure semblait* « *due à une balle française* (1). *Chapelant,* « *dont les facultés mentales paraissaient* « *intactes, répondit toujours avec le plus* « *grand calme et une parfaite lucidité à nos* « *questions.* »

« Prévenu de la présence de cet officier « au Poste de secours, vous vîntes lui ren- « dre visite. Laissés en tête à tête un cer- « tain temps, vous nous questionnâtes à la « sortie, Percheron et moi, sur la gravité de « la blessure. Nous répondîmes qu'un repos « d'une quinzaine de jours était indispensa- « ble au blessé. Nous redoutions l'infection « vraisemblable de l'articulation qui met- « trait en danger les jours du blessé. *Un* « *billet d'évacuation* fut rédigé et le blessé « envoyé au Plessier de Conchy où se trou- « vait le poste de secours régimentaire. »

(Docteur BENNEJEANT, 21 juin 1923).

Mensonges calomnieux et diffama- toires.

1° Je n'avais pas de gourbi. Je cou- chais (tout habillé, équipé et armé) dans un fossé, sur un petit matelas que je partageais avec mon capitaine-ad- joint Raoux. Mes compagnies de réser- ve, à côté de moi, avaient des tranchées de repos, si bien garnies de paille, que

---

(1) Dans une lettre du 18 mars 1925 le docteur Bennejeant précise sa pensée ainsi qu'il suit : « Ce n'est pas l'examen de la blessure qui m'a fait dire « balle fran- çaise », mais ce que Chapelant m'a raconté à savoir que c'était en rentrant dans nos lignes qu'il avait été blessé. »

les hommes pouvaient s'en recouvrir.

2° Le docteur Bennejeant m'avait rendu compte qu'il avait établi un billet d'évacuation pour Chapelant. Je l'avais approuvé et j'en avait fait avertir la Brigade en demandant que Chapelant ne passât en Conseil de Guerre qu'après sa guérison. (Les ordres du G. Q. G. pour les défaillances comme la sienne étaient impératifs et draconiens, c'était obligatoirement le Conseil de Guerre.)

C'est le général Demange (1) qui, malgré mon insistance, a décidé, d'abord de lui-même, puis avec l'assentiment du général Alix (2) (à la suite de ma résistance) *la traduction immédiate de Chapelant en Cour Martiale et son renvoi aux Loges le soir même.*

(Lettre du général Demange au colonel Pentel du 9 octobre, 13 heures 15. Lettre du général Demange au général Alix, du 9 octobre, 14 heures 15, avec la décision du général Alix et les aveux de Chapelant signés par celui-ci).

3° L'idée de la nécessité *de faire un exemple* n'est pas non plus de moi, mais de ces deux généraux et du colonel Pentel.

(Lettres ci-dessus et Notes du colonel Pentel du 7 octobre (12 heures) et du 8 (reçue à 16 heures 40).

Inexactitude (sans compter les 2 mensonges ; fièvre et appel à l'instruction).

Voir les cartes ci-jointes. Ce n'était pas au « château » mais dans une maisonnette en dépendant.

Tissu de mensonges calomnieux et diffamatoires. La seule énumération des faits (3) le prouve.

Epuisé de fièvre et de fatigue Chapelant est appelé à l'instruction au Château des Loges.

C'est M. Bierce, de Saint-Léger, qui l'a amené.

---

(1) Commandant la Division.
(2) Commandant le Corps d'Armée.
(3) Extraits de mon Carnet de route.

« J'arrivais dans la Cour du « Château des Loges ; le Colonel « vint et me demanda : Qu'amè- « nes-tu toi ?

« — Le lieutenant Chapelant, mon Colonel ! »

« — Comment dis-tu ? Lieu- « tenant ! non ce n'est pas un « soldat, c'est un lâche ! »

« Je ne répondis rien et m'é- « loignai de quelques pas. »

« Il fut transporté à l'infirme- « rie ; je n'entendis donc pas ce « premier interrogatoire, mais, « au retour pour le Plessier, « votre fils me demandait : « Pourquoi le Colonel me me- « nace-t-il de me faire fusiller ? « J'ai cependant fait mon de- « voir et ne suis point coupa- « ble. »

« Je ne savais quoi répondre « mais le remontais de mon « mieux par des paroles qui lui « donnaient tout espoir. »

« Le lendemain, il fut rappelé « de nouveau. Cette fois, j'en- « tendis le Colonel traiter votre « fils de lâche et il voulut lui « donner son révolver pour « qu'il se brûlât la cervelle » : « Tiens voici mon révolver et « brûle-toi la cervelle pour ne « pas prouver une seconde fois « ta lâcheté. »

« Votre fils refusa. « Je n'ai « point besoin de me brûler la « cervelle puisque j'ai fait mon « devoir et que je suis inno- « cent. »

9 Octobre

17 h. 50. — J'apprends que Chapelant vient d'arriver renvoyé ici par la Brigade. Je donne l'ordre, de l'installer le mieux possible pour la nuit (1).

18 heures. — Arrivée de l'ordre, ferme et définitif, de le faire passer demain en Cour Martiale. J'insiste encore, cependant, moi-même, au téléphone, auprès du colonel Pentel pour qu'il passe devant le Conseil de Guerre nor- mal de la Division. J'échoue. Mangé une bouchée — ordres et paperasses.

19 heures. — Parti à mon P. C. de nuit (2).

10 Octobre

6 h. 1/2. — Revenu à notre maison- nette (pièce 4).

8 heures. — Lemoël commence son instruction contre Chapelant (pièce 1). Indiscrétion extraordinaire du Bran- cardier (3) qui a ramené hier soir celui- ci, et qui veut rester dans la pièce 1, puis écouter à la porte, etc... Prévenu, je le renvoie au Poste de secours.

14 h. à 17 h. — Cour martiale (piè- ce 1).

17 h. 30. — Sur le désir de son ami, un adjudant, qui lui a offert vainement son révolver pour pouvoir « se faire justice lui-même », je vais offrir mon révolver à Chapelant... que j'avais déjà donné l'ordre de renvoyer à l'arrière, car je me refusais à faire exécuter un blessé et surtout un blessé couché (4).

Voici notre conversation :

Moi. — « Voyons Chapelant, pour éviter « à votre famille et à vous la honte du Pé- « loton d'exécution, vous feriez mieux de « vous brûler la cervelle. »

Lui. — « Non, je ne veux pas me suici- « der. »

---

(1) Mais je ne suis pas allé le voir.

(2) Le « gourbi garni de matelas » de M. Guernut.

(3) Il semblerait, d'après ses racontars ci-contre, que c'était Bierce.

(4) « Le Lieutenant-Colonel, commandant le 98e R. I., demande des instructions en ce qui concerne l'exécution de la sentence, estimant, pour sa part, ne pouvoir faire fusiller un blessé couché. » (Lettre urgente du 10 octobre du général Demange au général Alix.

Moi. — « Pourquoi ? »

Lui. — « Parce que c'est contraire à mes « principes. »

Moi.— Ça, c'est votre affaire. Je vous ren- « voie à l'Ambulance, en demandant que « vous ne soyez fusillé qu'après votre gué- « rison. »

Lui. — « Je ne serai pas fusillé. »

Moi. — « Pourquoi ? »

Lui. — « Parce que j'ai des appuis trop « puissants pour qu'ils me laissent fu- « siller. »

Il était très calme et avait toute sa tête.

« C'était après le jugement. Il était étendu « sur son brancard et écrivait au crayon « quelques notes. Mes yeux se portèrent « sur le papier qu'il avait entre les mains « et je lus ces mots : « J'étais affolé... »

(Abbé Lestrade. 18 Avril 1921.)

***

Quatrième acte. — On devine que, dans ces conditions, l'instruction n'a point traîné.

D'enquête néant.

Au témoignage du brancardier Sabatier et de l'adjudant-chef Gouvrit, un certain lieutenant Collinot aurait été chargé d'en faire une. Il se serait informé et n'aurait pu conclure, faute de preuves, à la Culpabilité de Chapelant. Le colonel Didier lui aurait enjoint d'en

***

Mensonge diffamatoire.

L'enquête s'était poursuivie depuis le 7.

(Voir mes comptes rendus : du 7 (11 h. 25), du 8 (9 h. 30), du 9 (20 h.), du 11 (18 h.) (1), sans compter les aveux verbaux que m'avaient fait à moi et à d'autres, Chapelant, Cahen, Dossing, Bost et Peillon, ainsi que les renseignements recueillis... ou apportés par ceux qui avaient vu.)

Déformation tendancieuse de la vérité. Le sous-lieutenant Collinot n'a pas été chargé « de faire une enquête » mais d'établir le « Rapport, base de la plainte » laquelle, au dernier moment, par ordre de mes supérieurs, ne devait plus viser que Chapelant seul et non plus tous les transfuges ensemble.

Le sergent qui commandait la 3ᵉ ne pouvait évidemment pas faire ce rap-

____

(1) Relatif à mon pardon au sergent Cahen et aux soldats Dossing, Bost et Peillon.

refaire une autre. Et Collinot, homme de conscience, ayant recommencé, n'aurait pas conclu autrement.

Chose curieuse, de ce rapport, on ne trouve au dossier aucune trace.

Le 10 octobre, un Conseil de Guerre spécial est réuni. *Spécial* est bien le mot qui convient : un président et 2 juges.

Le rapporteur, le sous-lieutenant Le Moël, n'avait pas les 25 ans que la loi requiert.

Deux hommes, qui étaient avec Chapelant dans la tranchée, qui avaient été pris avec lui et qui avaient pu fuir, étaient revenus au Corps : les mitrailleurs Morton et Peillon ; ils savaient toute la vérité, eux, ils étaient même seuls à la

port contre un sous-lieutenant. La Brigade de voulait pas de ma proposition que le rapport fut fait par le capitaine Hérail, qui poursuivait l'enquête depuis le 7 et commandait le Bataillon. J'ai donc dû en charger le sous-lieutenant Collinot à qui j'ai donné alors le Commandement de la 3ᵉ. Il a voulu refaire, lui-même, une enquête complète, mais il n'a eu ni le temps, ni les moyens d'y arriver dans le court laps de temps accordé à ce sujet par la Brigade. Il a simplement mis ce qu'il avait constaté et vérifié. C'est la Brigade qui a fait refaire ce rapport pour une question de forme dont je ne me souviens plus.

C'étaient le nom et la composition réglementaires.

La composition du Conseil a été arrêtée minutieusement, le 9 au soir, de concert avec la Brigade. C'était une Cour Martiale, c'est-à-dire un Tribunal d'exception. Il fallait trouver, dans le Régiment même, qui avait subi de très lourdes pertes en officiers, les officiers remplissant les conditions de caractère, d'instruction, d'éducation et de tact indispensables pour les fonctions graves et délicates dont ils seraient chargés. Le sous-lieutenant Lemoël seul réunissait toutes les conditions pour être Rapporteur. C'est le motif pour lequel la Brigade a tenu à lui.

Série d'inexactitudes.

1º Ce ne sont pas 2 hommes, mais un sergent (Cahen), 1 caporal (Morton) et 3 soldats (Dossing, Bost et Peillon), qui, après avoir été se rendre aux Boches, avec Girodiaz et Chapelant, en sont revenus.

Le sergent Cahen a eu le toupet de venir, de la part du fameux capitaine

savoir ; ils n'ont été entendus ni l'un ni l'autre.

Voici au contraire, ceux qui ont été entendus.

Ecoutez M. Rochard, clerc de notaire à Roanne, alors adjudant-chef au 98°, qui fut greffier au Conseil de Guerre :

« Le Colonel Didier a insisté « avant l'audience auprès des « membres du Conseil de « Guerre spécial, sur la néces- « sité et sur l'opportunité de « faire un exemple ; et je me « rappelle avoir entendu le Co- « lonel Didier dire alors au « Commandant Gaube qui de- « vait présider le Conseil : « *Vous entendez Gaube il faut* « *le fusiller* ». Le Commandant « Gaube n'a rien répondu. »

Le général Demange s'est exprimé, lui, d'une autre façon plus prudente mais aussi claire :

« 9 octobre, 13 h. 15 ».

« Le Général Demange, Com- « mandant la 25° Division au « Colonel Péntel, Commandant « la 50° Brigade. »

« Le sous-lieutenant Chape- « pelant doit être immédiate- « ment *livré* au Conseil de « Guerre spécial du 98° Régi- « giment d'Infanterie lequel « saura, je n'en doute pas, faire « son devoir. »

« Signé : DEMANGE ».

Boche précité, me sommer de capitu- ler avec tout le reste du Régiment.

Les 4 autres sont revenus quand ils ont eu constaté que « pour les emmener se rendre aux Boches, on leur avait bourré le crâne » (sic).

2° Le caporal Morton, évacué le 7 au soir (1), avait, avant son départ, donné des renseignements verbaux qu'il a confirmés dans sa déposition du 27 mai 1919.

3° L'adjudant Rochard a signé, le 11 octobre 1914, l'interrogatoire signé par Chapelant et où celui-ci avoue, de nou- veau, ses 2 fautes... Alors ! ?

Quant au reste (non audition des té- moins), comme je ne me suis mêlé en rien des opérations de l'Instruction et du Conseil de Guerre, j'ignore si des témoins ont été entendus ou non.

Je croyais, à l'époque, qu'ils avaient été entendus.

Voici ce que j'ai écrit, le 1ᵉʳ septem- bre 1922, au général Boquet, alors Chef du Cabinet du Ministre de la Guerre, à propos des paroles ci-contre du Clerc de Notaire Rochard (2) :

« Je proteste, avec la plus profonde in- « dignation, contre cette nouvelle infamie « calomnieuse lancée contre moi. »

« J'ai toujours eu pour principe (et je l'ai « toujours scrupuleusement observé) de « laisser des Juges juger librement selon « leur conscience. »

« Dans le cas particulier de Chapelant, « j'ai toujours été d'avis (à partir de son « retour dans nos lignes et des aveux qu'il « m'avait faits) que :

« a) C'était un lâche, un traître, mais « aussi un inconscient, infatué de lui-même « et des appuis politiques qu'il avait, qui « ne s'était pas rendu compte de la gravité « de ses crimes ;

« b) il n'avait rien de ce qu'il fallait pour

____

(1) balle à l'épaule gauche.
(2) en débarquant à Oran, le matin, j'avais trouvé, sur mon bureau, le n° 16 du 10 Août 1922 des « Cahiers des Droits de l'Homme » qui reproduisait ces paroles.

« faire un chef et avait été nommé, à tort,
« Sous-Lieutenant mitrailleur sur la propo-
« sition de mon prédécesseur au 98° (le
« Lieutenant-Colonel Deffis, limogé fin août
« 1914) qui en avait fait faire un officier
« *combattant* parce qu'il était reçu à l'*Ecole*
« *d'Administration de Vincennes* (1).

« c) J'avais déjà trop de pertes, dans mes
« rangs, du fait des Boches, pour faire tuer
« moi-même un Français », Mon opinion
« (et je l'ai exprimée plusieurs fois à mes
« officiers aussitôt après le retour de Cha-
« pelant des rangs ennemis) c'est que :
« J'aurais été très embarrassé si j'avais été
« moi-même juge. Le code militaire ne pré-
« voyait pas un pareil cas particulier. A
« mon avis, la Condamnation méritée par
« Chapelant était la destitution et la remise
« dans le rang comme simple soldat. »

« Comment voulez-vous que, avec cette
« opinion ancrée dans mon cerveau, j'ai pu
« tenir les propos que me prête l'ex-adju-
« dant Rochard, »

« Je me rappelle très bien avoir causé
« quelques minutes (j'avais hâte d'étendre
« ma jambe blessée) avec le Commandant
« Gaube, dehors, avant son entrée dans la
« maisonnette où allait siéger la Cour Mar-
« tiale. »

« D'après mes souvenirs qui sont précis,
« je lui ai parlé des ordres (2) du général
« Demange, mais en lui disant pour ter-
« miner : « Jugez uniquement d'après votre
« conscience et laissez vos juges juger de
« même. Avez vous fait les choses réguliè-
« rement ? Les témoins ont ils été entendus
« à l'Instruction ? Sont-ils convoqués pour
« cet après-midi ? Vous pouvez peut-être,
« mais je n'en suis pas sûr, me citer, moi,
« car il m'a fait des aveux à moi aussi, mais
« ça serait délicat, car je suis Chef de Corps
« et c'est à moi que ses admirateurs et lui
« s'en prennent. »

« Le Commandant Gaube m'a répondu :
« Tout a été fait et sera fait régulièrement. »

____

(1) et aussi paraît-il, à cause de « ses appuis politiques, à lui et à son père »
(sic...)
(2) de la veille : 13 heures 15 et 14 heures 15.

Le Conseil de guerre spécial du 98° Régiment d'Infanterie, auquel fut « livré » Chapelant, a fait son devoir. Convaincu de capitulation en rase campagne Jean-Julien Marius Chapelant, né à Ampuis a été condamné à mort le 10 octobre 1914. Il était âgé de 23 ans.

.°.

Cinquième acte. — L'exécution eût lieu le lendemain 11 octobre dès l'aube.

Fût-il pris de remords ou de scrupules ? Voulut-il s'abriter derrière un ordre supérieur ? Il est difficile de sonder les consciences. Ce qui est sûr c'est que le colonel Didier demanda au général Demange, commandant la Division, de surseoir à l'exécution de Chapelant.

« Votre citation comme témoin est inu-« tile. »

« Voilà la vérité toute nue. — faites en ce « que vous voudrez. »

Ironie macabre, affectée et tendancieuse ; Chapelant a été condamné à mort, *à l'unanimité*, et les juges n'ont pas voulu formuler de recours en grâce.

.°.

Faux. Prescrite pour 9 heures, l'exécution n'a eu lieu qu'à 9 h. 40, pour permettre à Chapelant d'avoir tous les secours de la religion qu'il désirait.

Hypothèse calomnieuse et diffamatoire.

Voici ce que j'ai écrit le 1er septembre 1922, au général Demange, au sujet de mon renvoi de Chapelant à l'arrière après le prononcé du jugement :

« J'ai renvoyé Chapelant à l'arrière en « rendant compte à la Brigade et en vous « faisant avertir ainsi que le Colonel Pentel, « que je me refusais à faire fusiller un « blessé et surtout un blessé couché :

« 1° Parce qu'une pareille exécution était « contraire à ce qu'on m'avait toujours « appris que « un blessé ennemi était « sacré », et, a fortiori, un blessé français ;

« 2° Parce que les condamnés à mort « civils n'étaient, s'ils étaient malades, exé-« cutés qu'après guérison. »

« Vous avez atténué mon refus en en sai-« sissant le général Alix, vous m'avez écrit « lettres sur lettres (officielles et person-« nelle) pour m'amener à obéir. »

« J'ai obéi, car je ne pouvais plus, dans « ces conditions, refuser publiquement de « vous obéir. »

« Je n'avais peut-être pas le droit de ren-« voyer Chapelant à l'arrière après le Juge-

Le Général répondit par une lettre que nous tenons à lire en entier.

Nous croyons que la littérature militaire, cependant riche, offre peu de chefs-d'œuvre comme celui-là.

« Mon cher Didier, je com-
« prends et partage vos scru-
« pules, croyez-le bien, mais la
« loi nous domine tous deux.
« Vous trouverez demain avec
« l'aide de votre médecin, le
« moyen de mettre debout ce
« malheureux avant de le faire
« tomber. »

Le pauvre Chapelant fut amené au château sur un brancard.

Pour qu'on pût le « mettre debout avant de le faire tomber » on l'a ficelé avec des cordes et le brancard fut dressé contre un cerisier « le 22e ou 32e de la première rangée. »

Le Colonel Didier était là en personne.

« Ce sera, écrit le Docteur
« Guichard, ce sera pour moi,
« comme sûrement pour ceux
« qui étaient présents, le sou-
« venir le plus douloureux de

« ment de la Cour Martiale, mais j'ai estimé
« que c'était mon devoir et je ne transige
« jamais avec ma conscience, quelles que
« puissent en être les conséquences pour
« mon intérêt personnel. »

Ironie de bas étage avec un mensonge aussi bas.

Non seulement, en effet, la lettre n'est pas « *en entier* » malgré l'affirmation ci-contre, mais elle a été tronquée... volontairement, car autrement, il aurait été impossible d'émettre l'hypothèse calomnieuse et diffamatoire ci-dessus !

Voici la lettre complète :

« Mon cher Didier, je comprends et par-
« tage vos scrupules, croyez le bien. Mais
« la dure loi nous domine tous deux. ».

« Vous trouverez demain, avec l'aide de
« votre médecin, le moyen de mettre debout
« ce malheureux avant de le faire tomber. »

« Le Colonel Pentel estime, à juste titre à
« mon avis, qu'il doit être passé outre à la
« considération que vous faites valoir et
« qui importe peu, puisqu'il s'agit d'enlever
« la vie à cet homme, et que ce serait une
« aggravation de peine non prévue par le
« Code que de surseoir à l'exécution jusqu'à
« guérison de la blessure du condamné. »

Au Poste de secours dans la voiture qui le ramenait au Plessier.

Un pommier (voir la carte ci-jointe).

Je ne m'abaisserai pas à réfuter des calomnies aussi abjectes et des mensonges aussi vils.

1° le mot « innocent » n'a jamais été prononcé par personne à l'époque (1). Chapelant et ses trop nombreux admirateurs trouvaient « *qu'il avait fait son*

---

(1) Voir la déposition du 26 juillet 1919 du brancardier Sabatier.

« cette guerre que la vision de
« ce Colonel excité... la pipe à
« la bouche et le révolver au
« poing, se promenant à grands
« pas autour de sa victime,
« couchée sur un brancard, ges-
« ticulant, vociférant des inju-
« res contre elle, lui refusant
« par deux fois le secours de
« l'aumônier divisionnaire,
« Lestrade, et, par deux fois
« aussi, présentant son révol-
« ver à cet infortuné afin, di-
« sait-il, qu'il se fasse justice
« lui-même. »

« C'est moi, ajoute Sabatier,
« qui l'ai attaché sur le bran-
« card, et l'adjudant qui com-
« mandait le peloton lui a
« bandé les yeux. Etait présent
« l'aumônier Lestrade qui lui a
« fait baiser le Christ et qui l'a
« encouragé. Lorsque votre fils
« a été attaché et qu'il a eu les
« yeux bandés, le peloton
« d'exécution qui était dissi-
« mulé dans un bosquet s'a-
« vança à distance et tira. »

« Nous le transportâmes dans
« une grange où l'on a pro-
« cédé à l'autopsie, en face des
« majors. L'aumônier Lestrade
« récita les prières des morts
« et accompagna votre fils jus-
« qu'à la fosse commune où
« nous l'avons inhumé. »

« L'aumônier pleurait à
« chaudes larmes et était très
« peiné. J'ai même entendu
« dire qu'il avait dit « on vient
« de fusiller un innocent. »

C'est en effet un innocent
qu'on venait de fusiller.

Il nous reste à le démon-
trer.

devoir » en allant se rendre aux Boches,
car il avait ainsi sauvé la vie de ses
hommes. »

J'ai même entendu, hélas ! des hommes qui étaient venus « voir l'exécution »
dire tout haut, quand Chapelant est
sorti du Poste de secours (et c'est pour
cela que j'avais été chercher mon révolver) « si tout le monde faisait
comme lui, la guerre serait tout de
suite finie. »

2° Voici ce que *son ami*, le sergent-
major (aujourd'hui Lieutenant) Grosleron, m'a écrit le 15 avril 1921 :

« Après sa confession à l'aumônier Les-
« trade, je lui ai bandé les yeux, il ne m'a
« rien dit.

« J'ai assisté à l'exécution. *Ses dernières*
« *paroles furent « Adieu mes amis ne faites*
« *pas comme moi. »* (1).

« Il n'y avait, à ce moment là, que le Pe-
« loton d'exécution, commandé par l'ad-
« judant Moreau (11ᵉ Cie). Personne autre
« que vous, le Peloton et moi n'a pu enten-
« dre ces paroles. »

3° Et voici ce que l'abbé Lestrade, à
qui des paroles terriblement graves
sont attribuées ci-contre, m'a écrit le 18
avril 1921 :

« Il se confessa, reçut le saint viatique et
« dit de manière à être entendu des assis-
« tants : « Si j'ai commis une faute, je l'ex-
« pierai. » (2).

« Et, de fait, il montra un courage admi-
« rable devant la mort.

« Je ne pus, évidemment, retenir mes
« larmes en voyant un Français tomber sous
« les balles françaises. »

---

(1) Ce sont ses dernières paroles, je me les rappelle.
(2) Ce sont ses avant dernières paroles, je me les rappelle aussi.

II. - Chapelant ne s'est pas rendu.

Quel est le grief qu'a fait à Chapelant le Conseil de Guerre ?

Quel est le grief qu'a retenu la Cour de Cassation ?

Le voici, c'est que Chapelant au lieu de combattre s'est rendu à l'ennemi avec ses hommes, c'est qu'il a exhorté ses hommes à se rendre.

De cela, dit-on, deux preuves : les déclarations des témoins, l'aveu du coupable.

Je vais, en toute loyauté, vous présenter les pièces, sans rien celer, sans rien atténuer, vous jugerez.

Premier point : Chapelant s'est-il rendu ? Nous répondrons nettement « Non ».

Cela n'est pas vraisemblable d'abord et ensuite — cela est faux.

* *

Cela n'est pas vraisemblable.

En effet un homme ne devient pas un lâche du jour au lendemain. Or tous ceux qui ont connu Chapelant, tous ceux qui l'ont vu de près dans des circonstances

Effet oratoire ! Il n'y a qu'à lire ce que j'ai répondu à ce qui précède et ce que je réponds à ce qui suit, pour constater que les mots « en toute loyauté » sont de trop et que les mots « sans rien celer, sans rien atténuer » sont... soyons gentil !... sont... disons « une contre-vérité ».

Et moi je réponds, au moins aussi nettement : « Oui, Chapelant, avec ses « 4 mitrailleurs près de lui, a suivi le « sergent-major Girodiaz et les transfu-« ges de la 3e pour se rendre dans les « lignes ennemies afin de s'y rendre « aux Boches. »

Et moi je dis : « pour qui connaissait « à fond Chapelant c'est très vraisem-« blable et ensuite c'est l'exacte vérité. »

* *

Voilà des affirmations bien osées !

difficiles, tous sont d'accord pour louer son courage.

Tous ? En vérité, il nous faut faire une exception ! Interviewé à Reims, le 7 avril 1920, par un rédacteur du *Progrès Civique*, l'ancien Colonel Didier, à ce moment Général, a raconté le roman que voici :

« ... En Lorraine, il s'était « passé céci : Alors qu'aux durs « combats que nous soutenions, « j'allais vers les lignes, je trou- « vai dans un trou d'obus un « officier mitrailleur avec son « télémètre, et un mitrailleur. « La section de mitrailleurs « était engagée, à ce moment- « là, à 300 mètres en avant. »

« — Qu'est-ce que vous faites « là ? criai-je à Chapelant, car « c'était lui. Ce n'est pas votre « place. Rejoignez vos hommes « tout de suite. »

« Il claquait des dents et « était décomposé. Il sortit de « son trou et je continuai ma « route. »

« Le lendemain je le fis venir « pour s'expliquer. Il soutint « que ce n'était pas lui. Je suis « sûr que c'était lui. »

* * *

Roman disons nous, car à qui fera-t-on croire qu'un Colonel puisse trouver caché un de ses officiers, le reconnaître, lui parler, le gourmander et néanmoins s'entendre dire le lendemain : « Mon Colonel ce n'était pas moi. »

A qui fera-t-on croire que le lieutenant-colonel Didier, dont on sait la vivacité im-

Après avoir traité des faits exacts de « roman » et de « calomnie » M. Guernut dit : « Passons ». Eh bien ! moi, je ne passe pas, et je dis : « C'est M. Guernut qui calomnie ».

Tout d'abord un Poilu quelconque, qui a fait de « la guerre de mouvement » tant peu soit-il, n'aurait pas sorti cette énormité.... comme idée, d'un Colonel faisant, dans une marche à l'attaque, revenir en arrière des mitrailleurs, engagés déjà, pour faire, de suite, une enquête sur la défaillance de leur Chef de section resté en arrière.

Ensuite, il n'y avait que 10 jours que j'avais pris le commandement du 98e et, avec le roulement des Bataillons aux avant-postes, je ne connaissais pas encore tous mes officiers et en particulier Chapelant qui ne s'était pas encore présenté à moi. Enfin, l'interview ci-contre n'est pas rigoureusement exact. Voici mon carnet de route :

« *Mercredi 9 septembre 1914. (Combat de Xaffévillers).* »

« 3 h. 50 (matin). — Le mouvement en « avant s'arrête. Je vais voir... En y « allant, trouvé, dans un trou, tremblant de « peur, les yeux égarés, un sous-lieutenant » mitrailleur du 98e avec son télémètreur. « Je leur dis : « voulez-vous vous dépêcher « de rejoindre votre section en avant ». Ils « ne bougent pas. Je sors mon révolver : « si vous n'obéissez pas, je vous brûle. » Ils « se lèvent. Je leur montre la direction et « je dis à l'officier : « Nous recauserons de « ça, demain, tous les deux, si nous som- « mes encore de ce monde ». Je les regarde « partir en chuchotant entre eux ; je repars « moi-même, puis me retourne après une « vingtaine de mètres... Ils courent, tous « les deux, mais pas du tout dans la direc- « tion que je leur ai indiquée ; ils filent à « droite vers les tranchées du Bois Menu. »

pulsive, n'ait pas sur l'heure cherché à le confondre, faisant venir et les mitrailleurs engagés à 300 mètres en avant et le mitrailleur niché dans le trou d'obus :

« Voyons oui ou non, vous « autres, Chapelant était-il avec « vous ? Chapelant était-il avec « toi ? »

Il est facile, cinq ans et demi après, de calomnier quelqu'un qui ne peut se défendre. Ce n'est en effet que calomnie. Passons.

« *Jeudi 10 septembre (Domèvre) (1)* ».

« 16 heures. — Fait venir mes 3 chefs de « section de mitrailleuses : Adjudant Burni-« chon (1re), sergent Denoix (2e), sous-lieu-« tenant Chapelant (3e).

« Il n'y a qu'un officier, le sous-lieutenant « Chapelant que je reconnais parfaitement. « Je renvoie les deux autres et je dis à « Chapelant. Eh bien ! nous en sommes re-« venus tous les deux, causons ensemble « comme je vous l'ai dit hier matin. »

« Lui (d'un air ingénu). — « Je ne vous « comprends pas, mon Colonel. »

« Moi. — « Comment ? vous ne vous rap-« pelez pas ce que je vous ai dit hier matin « vers 3 h. 45, devant Xaffévillers, quand je « vous ai fait sortir du trou où vous étiez « caché avec votre télémètreur pendant que « votre section de mitrailleuses était enga-« gée dans Xaffévillers ? »

« Lui. — « Ce n'est pas moi que vous « avez trouvé ainsi hier ; je n'ai pas quitté « ma section. »

« Moi. — « Mais je suis sûr que c'était « vous. Vous êtes le seul officier mitrailleur « du 98e et je vous reconnais sans aucun « doute possible. »

« Lui. — « Je vous donne ma parole « d'honneur que ce n'était pas moi. »

« Je reste bouche bée devant tant d'im-« pudence, avec tant de calme et un air si « candide, et je lui dis : « Ne donnez pas « ainsi votre parole d'honneur, n'oubliez « pas que vous êtes officier et ne recom-« mencez plus, car je ne vous le passerai « plus. »

« Il n'a pu dissimuler un éclair de soula-« gement qui a passé dans ses yeux. »

J'ajoute : j'ai déjà montré (page 43) le rôle peu brillant joué par sa section le 2 octobre à 20 heures.

Le compte-rendu du 3 octobre (9 h.) du sous-lieutenant Lemoël, comman-dant la 9e Cie, les renseignements sin-guliers que je reçois le 5 au sujet de ce

---

(1) Que le 98e a gagné par une marche de nuit, pour aller s'embarquer le 11 à Thaon.

qu'a fait Chapelant pendant le combat de la matinée, me déterminent à faire appeler Chapelant.

Voici mon carnet de route.

« *Lundi 5 Octobre 1914* ».

16 h. 1/2. — «;Causé avec Chapelant que j'ai fait appeler ».

« Je lui répète ce qui m'a été raconté à « son sujet (pour ce matin). Il n'a plus l'air « hautain de Domèvre, mais l'œil un peu « hagard comme à Xaffévillers. »

« Il m'avoue qu' « il était avec Girodiaz, « mais tout près de sa pièce de droite. » Je « lui dis « Girodiaz n'est pas du tout une « bonne relation pour vous, ne le fréquen- « tez pas trop. C'est un conseil d'ami et de « père de famille que je vous donne. Restez « avec vos hommes. N'oubliez pas que vous « êtes Officier, c'est-à-dire que vous devez « leur donner le bon exemple et même leur « imposer, au besoin, votre volonté. Ça fait « deux fois que je vous pardonne, mais ne « recommencez plus. »

« Sa figure s'éclaire. « Je vous donne ma « parole d'honneur, mon Colonel, que je « n'oublierai jamais ce que vous venez de « me dire. Vous pouvez compter sur moi. »

« Moi. — Ce n'est pas une parole d'hon- « neur comme celle de Domèvre au moins.

« Lui (rougissant). — « Oh ! non ! mon « Colonel, vous pouvez compter sur moi... »

« Je lui serre alors la main. Il s'en va « d'un pas allègre. »

Le 6 Octobre, il se comporte bien, tout d'abord. Il m'a enfin obéi et est allé à la gauche de la 3ᵉ. Voici son compte-ren- du de 10 h. 35 :

« Je suis toujours en avant au même em- « placement près de la maison du garde- « barrière, avec un observateur muni de « jumelles ; nous observons le terrain en « avant.

« Je n'ai pas besoin de munitions.

« L'armurier s'efforce de réparer la pièce « détériorée hier. Il compte pouvoir nous la « rapporter dans l'après-midi.

« Ci-joint un état de proposition pour 1ʳᵉ « classe. »

Et écoutons les hommes qui n'ont pas intérêt, eux, à habiller la vérité, les chefs immédiats, les subordonnés, les camarades qui ont vécu avec lui, tout près de lui dans la familiarité de la vie quotidienne. S'il lui avait échappé un jour un mouvement de frayeur ou de lassitude ils l'auraient surpris, ceux-là, et ils le diraient aujourd'hui.

Écoutons-les :

Extrait d'une lettre du capitaine Raoux du 98ᵉ Régiment d'Infanterie à M. Chapelant père (26 novembre 1914).

« Dans les premiers jours « d'Octobre, le 98ᵉ, qui occupait « le Village des Loges, avait eu « à supporter les attaques furieuses de l'ennemi qui avait « été chaque fois repoussé avec « de grandes pertes.

« Votre fils qui commandait « une section de mitrailleuses

Mais vers 16 heures, un compte-rendu, du capitaine Rigault (1) se terminant ainsi :

« Le lieutenant Chapelant, placé vers la « voie ferrée, n'a rien vu », me fait faire la réflexion suivante : « Ce sacré Chapelant « n'a guère dû observer ce qui se passait ! »

En résumé *voici mon opinion sur Chapelant :*

Il n'était pas lâche, mais il était loin d'être brave lorsque *ça chauffait réellement*, son cran et son entrain *à ce moment* n'étaient pas du tout ceux que doit avoir un Chef de section de mitrailleuses.

C'est non seulement une calomnie mais encore une insolence à mon égard ?

Encore une lettre tronquée et dont le tronquage change le sens ?

Et c'est un, pareil procédé que M. Guernut appelle « présenter les pièces en toute loyauté, sans rien celer, sans rien atténuer » ?

1° Le Capitaine Raoux était mon Capitaine-adjoint. Il n'était donc pas, du tout, un Chef immédiat de Chapelant.

____

(1) Au sujet d'une mitrailleuse ennemie, placée vers la côte 97 ou vers la voie ferrée.

« en première ligne avail con-
« tribué pour une grande part
« à nos succès en décimant par
« le feu de ses pièces les colon-
« nes d'attaque allemandes. »
  « Il avait, d'ailleurs, toujours
« fait son devoir, et sa conduite
« n'avait jamais lieu au moin-
« dre reproche. »

M. Chapelant le savait. En voici la preuve. Alors ? Quelle loyauté ! ! !

    « Roanne, le 4 Mai 1915 ».

      Mon Colonel,

  « C'est le cœur sous le coup de la plus
« poignante émotion que je me permets de
« venir troubler vos multiples occupations
« afin de retrouver auprès de vous la tran-
« quillité dans laquelle je vivais jusqu'à ce
« jour, tranquillité qui reviendra, je l'es-
« père, avec votre réponse que j'attends
« impatiemment.

  « Mon fils Girodiaz René, parti avec le
« 98° au moment de la mobilisation, était
« sergent à la 3° Compagnie et fut nommé
« sergent major dans le courant de Sep-
« tembre 1914 ».

  « Le 6 Novembre 1914, je recevais la vi-
« site de Monsieur le Maire de Roanne ve-
« nant m'annoncer la mort glorieuse de
« mon cher fils Il me remit l'avis mor-
« tuaire qu'il venait de recevoir du 98°.
« Une phrase de cet avis mortuaire fût ma
« seule consolation de ce grand malheur,
« c'est la phrase qui dit « Tué glorieuse-
« ment à l'ennemi au Combat des Loges ».

  « Ci-joint l'avis mortuaire. Nous en étions
« à vivre ainsi avec le souvenir de notre
« cher mort, lorsque, le 16 Avril écoulé,
« j'eus, à mon grand étonnement, *la visite*
« *e Monsieur Chapelant*, que je ne connais-
« sais pas. Ce Monsieur m'annonça qu'il
« était venu à Roanne pour faire une en-
« quête pour son fils, sous Lieutenant au
« 98° et qui, m'a-t-il dit, a été fusillé. Lors-
« que Monsieur Chapelant vit mon étonne-
« ment à ce qu'il m'annonçait et que d'au-
« tre part je lui dis que je n'avais rien à
« voir dans cette affaire, il me répondit
« que mon fils avait subi le même sort que
« le sien, et, *pour bien appuyer ses dires*
« *il mit sous mes yeux une lettre qui était*
« *votre réponse à une de ses lettres, ré-*
« *ponse dans laquelle il y avait :*
« *Votre fils a subi l'influence de ce ser-*
« *gent-major ».*
« *La lettre était signée par un de vos se-*
« *crétaires, du nom de Monsieur Raoux ».*

« Pour ne pas trop vous ennuyer je me
« dispense de tout commentaire, vous di-
« sant dans quel état d'esprit Madame Gi-
« rodiaz et moi nous nous trouvons depuis
« le 16 Avril. Nous nous refusons à croire
« à une pareille infamie connaissant notre
« fils. C'est sûrement une erreur dont votre
« réponse va nous assurer le contraire à
« moins que notre pauvre fils ait été l'objet
« d'une mauvaise machination de la part
« de quelques soldats qui, pour se justifier,
« sans doute, des faits qui pouvaient leur
« être reprochés, n'ont pas craint, par de
« mauvais racontars, d'atteindre la mémoire
« de mon pauvre enfant et s'il en était ainsi
« je n'aurai de cesse que le jour où, faisant
« tomber une à une toutes les calommies
« qui ont pu être racontées, je laisserai la
« mémoire de mon fils ce qu'elle a toujours
« été, digne de ses parents, de ses amis et
« de ses chefs.

« Pardon mon Colonel de vous avoir dit
« toutes ces choses là, inutiles sans doute,
« puisque le mortuaire document officiel
« nous dit : « Tué glorieusement à l'enne-
« mi » mais la visite de Monsieur Chapelant
« nous a jetés en un tel trouble que votre
« âme de soldat comprendra et excusera
« facilement ».

« Et... nous remettant à votre honorable
« réponse pour faire redevenir notre vie
« tranquille :

« Veuillez agréer, mon Colonel, l'expres-
« sion de tous mes sentiments ».

« Girodiaz »

« 5 Rue de la Côte, 5 — Roanne ».

2⁰. — Voici *en entier* la fameuse lettre
du Capitaine Raoux :

« Dans les premiers jours d'Octobre, le
« 98ᵉ, qui occupait le village des Loges,
« avait eu à supporter les attaques furieuses
« de l'ennemi, qui avait été, chaque fois,
« repoussé avec de grandes pertes ».

« Votre fils qui commandait une section
« de mitrailleuses en première ligne, avait
« contribué, pour une grande part, à nos
« succès, en décimant par le feu de ses
« pièces, les colonnes d'attaque allemandes.

« Il avait, d'ailleurs, toujours fait son de-
« voir et sa conduite n'avait jamais donné
« lieu au moindre reproche (1) ».

« Le 7 octobre une attaque plus violente
« était lancée contre nous ».

« La section de mitrailleuses de votre fils
« et la 3ᵉ Cie avaient particulièrement souf-
« fert du feu de l'ennemi ».

« Tous les officiers de la 3ᵉ Cie avaient
« été tués et le Commandement de cette
« unité avait été pris par le sergent-major ».

« Ce sous-officier, obéissant à je ne sais
« quel mobile, parvint à persuader à ses
« hommes qu'ils étaient séparés du reste du
« régiment et qu'ils n'avaient plus qu'à se
« rendre à l'ennemi *Et après avoir déposé*
« *ses armes, il se rendit, avec une vingtaine*
« *d'hommes vers la tranchée allemande* ».

« *Votre fils eut la faiblesse de ne pas*
« *réagir contre l'influence funeste de ce*
« *sergent-major et, sans contrôler ses affir-*
« *mations, il suivit son mouvement.* Voilà
« toute sa faute, car je suis certain qu'il n'y
« a pas eu, dans cet acte, une lâcheté de sa
« part ».

« Mais les lois de la guerre sont sévères
« et le Code militaire, qui n'admet pas la
« moindre défaillance, imposait une sanc-
« tion terrible à cette faute. Votre fils l'a
« expiée courageusement en soldat, et son
« sang froid, son calme devant la mort
« l'ont largement réhabilité aux yeux de
« ses camarades dont il avait su auparavant
« conquérir toutes les sympathies. Puisse
« cette pensée mettre un baume à votre
« douleur devant laquelle je m'incline res-
« pectueusement ».

3ᵒ. — Enfin voici ce que le Capitaine
Raoux m'a écrit le 2 Janvier 1922.

« En ce qui concerne ma lettre de no-
« vembre 1914, dont il est fait état, je ne
« serais pas fâché, le cas échéant, d'en pré-
« ciser la portée ».

« Vous vous rappelez certainement les
« circonstances dans lesquelles je l'ai écrite
« à Monsieur Chapelant, qui, instruit par

____

(1) La suite a été donnée, seule, dans les « Cahiers des Droits de l'Homme » du 20 Novembre 1920.

Extrait d'une lettre de M. Boileux, ancien caporal armurier à la section de mitrailleuses commandée par le sous-lieutenant Chapelant (14 avril 1916).

« Votre fils (le sous-lieute-
« nant Chapelant) était très es-
« timé de tous ses mitrailleurs
« auxquels il donnait toujours
« l'exemple d'un vrai courage ;
« il nous faisait faire de la
« bonne besogne avec les mi-
« trailleurs et tous ont bien
« pleuré lorsque la sentence
« contre lui a été exécutée. »

Extrait d'une lettre de M. Roche du Coteau (Loire).

« D'après comme il (le sous-
« lieutenant Chapelant) s'est
« comporté dans les batailles
« que j'ai faites avec lui, ce
« n'était pas l'homme à faire
« cela, au contraire ; du mo-
« ment que j'étais avec lui
« c'était un chef courageux
« marchant de l'avant et ai-
« mant ses hommes. Il était
« fier de nous ; comme il était
« très gentil, il nous aurait me-
« nés où il aurait voulu... »

« la rumeur publique me suppliait de lui
« dire s'il était bien vrai que son fils avait
« été fusillé. J'ai longtemps hésité à le faire ;
« mais, devant l'insistance de Monsieur
« Chapelant, dont les lettres exprimaient
« une angoisse et une douleur vraiment
« navrantes, j'ai eu pitié du « Père » et c'est
« par charité que je lui ai appris la vérité
« en l'estompant en quelque sorte avec le
« souci de le réconforter et de l'aider à sup-
« porter le poids de son malheur ».

« Mais le fait brutal « *Chapelant est passé*
« *à l'ennemi* » n'en subsiste pas moins et *je*
« *n'ai jamais douté, en mon âme et cons-*
« *cience, de sa culpabilité* ».

Il est exact que ses hommes aimaient Chapelant ; il faisait tout ce qu'eux voulaient. Quant au brevet de courage que lui décerne le caporal armurier Boileux, je dois faire remarquer que ce Caporal, étant avec l'échelon, ne pouvait guère juger lui-même.

Faits antérieurs à ma prise de commandement du 98ᵉ.

Je ne puis donc formuler une opinion.

Extrait d'une lettre de M. Sabatier, brancardier au 98e d'infanterie (24 avril 1916).

« Je connaissais votre fils. Il était très estimé de tout le régiment.

« C'était un brave et courageux soldat qui avait toujours fait son devoir. »

Extrait d'une lettre du soldat Glomot du 98e d'infanterie (19 août 1915).

« Pour me résumer et traduire fidèlement ma pensée et celle de mes camarades du 98e d'infanterie, votre fils, brave défenseur de notre chère Patrie, qui n'avait jamais failli à son devoir, qui était aimé et justement estimé de ses subordonnés (ses camarades) pour son amabilité, son caractère bon et ferme à la fois, sa vaillance, était toujours le premier à montrer l'exemple du devoir dans toute l'acception du mot. »

Extrait d'une lettre de M. Gardet, mitrailleur au 98e d'infanterie.

« Je dois vous dire que, ayant été blessé le 26 Août, je n'ai pas assisté aux combats des Loges mais tout ce que je peux certifier c'est que, dans deux combats que j'ai livrés sous le commandement de votre fils, il s'est toujours conduit avec vaillance et courage. C'était un brave Chef. »

Et M. Gardet raconte que dans un bois aux environs de Blamont, on battait en retraite.

Certificat d'un brancardier ami personnel de Chapelant.

Le soldat Glomot était du 2e Bataillon, Je ne vois, par suite, pas, comment il a pu se faire une opinion personnelle sur le courage de Chapelant. Mais ce que je sais, c'est que :

Glomot, intelligent, rusé et phraseur, a été mon agent de liaison un certain temps avec le 2e Bataillon.

J'ai dû le remettre dans le rang, dans le courant d'Octobre 1914, pour les 2 fautes successives ci-après :

ayant un ordre urgent à porter, il a attendu que quelques balles perdues, qui coupaient son trajet, cessent ;

ayant un ordre urgent à porter, il ne l'a porté que plus d'un quart d'heure après « pour finir une partie de manille ».

Faits antérieurs à mon arrivée au 98e.

Mais je n'ai jamais entendu raconter à l'époque que, aux environs de Blamont, il se soit produit quelque chose ressemblant, même de loin, à ce que raconte M. Gardet.

Le 98e était très démoralisé à ce moment.

Toutefois, il y a un fait à retenir dans cette lettre, c'est déjà l'idée de « 4 ou 5 soldats » de Chapelant *d'aller se rendre aux Boches*, parce qu'ils se croient entourés.

Chapelant les aurait maintenus ce jour-là (?).

Il est bien regrettable qu'il n'ait pas fait de même le 7 octobre.

« Là, je me rappelle que 4 à 5 soldats de la section de mitrailleuses croyant ne pouvoir s'échapper, étant entourés de tous côtés, manifestèrent l'intention de se rendre.

« Aussitôt votre fils leur dit : Ah ! non, en tous cas si vous vous rendez, moi je reste ». Alors personne ne se rendit. »

« Si vous vous rendez moi je reste ! »

Et l'on voudrait que quelques jours après, le même homme se soit écrié : « si vous restez moi je me rends », comme cela est vraisemblable !

***

Reprenons si vous le voulez bien, la série des évènements qui ont marqué l'affaire du 7 octobre.

Les Allemands attaquent. Par un tir serré, Chapelant les arrête en avant de son secteur.

Cette conduite est-elle d'un traître ?

Ils attaquent à nouveau. Une mitrailleuse est hors de service. Chapelant tire avec l'autre. Cette audace est-elle d'un traître ?

Débordé sur les deux côtés, il continue. Cette obstination est-elle d'un traître ?

La mitrailleuse est blo-

De mi-Août au 7 Octobre « quelques jours ! »

Je n'ai jamais entendu personne raconter que, le 7 octobre Chapelant ait dit : « si vous restez, moi je me rends. »

Mais ce dont je suis convaincu c'est que, quand ses 4 mitrailleurs près de lui, lui ont dit : « la 3e se rend » il a répondu : « suivons »... et qu'il a, aussitôt, suivi, avec ces 4 mitrailleurs, Girodiaz et ses transfuges de la 3e.

***

Faux (voir page 43).

Roman pour la nouvelle attaque (voir page 42)

C'était l'exécution de mon ordre antérieur formel, car, sortir des tranchées à ce moment là c'était la mort certaine. Chapelant comme les autres, avait compris le but de mon ordre « pendant le combat, rester dans la tranchée, quoi qu'il arrive. »

J'ai remis les choses au point page 45.

quée : « Servez-vous de vos mousquetons », s'écrit-il.

Ce mot est-il d'un traître ?

On lui dit : « Le village en arrière est occupé. » Il refuse d'y croire : « Assurez-vous en d'abord. Envoyez un homme, un deuxième. »

Cette précaution est-elle d'un traître ?

On insiste auprès de lui. Or, à en croire Me Badiou, avocat au Puy, une enquête fut ordonnée au printemps 1915, un an et demi après l'affaire :

« Plusieurs témoins furent entendus dans cette enquête ; deux ou trois, étaient spécialement bien placés pour voir ce qui s'était passé auprès de Chapelant puisque l'un était son mitrailleur et était dans le même trou que lui. »

« D'après celui-ci, votre fils qui ne commandait pas, du reste, la section ou compagnie qui se trouvait là, mais simplement trois ou quatre mitrailleurs survivants, a, par deux et peut-être même trois fois, fait passer l'ordre, sur un morceau de papier attaché à des pierres, qui circulaient de trou en trou, de ne pas se rendre et de s'assurer, à un endroit qu'il indiquait, s'il n'était pas possible d'avoir des munitions

Les aveux du 9 octobre, 17 heures, ne ressemblent que de très loin à ces affirmations qui semblent pourtant bien les avoir comme origine... Et les aveux prouvent :

1º le manque d'autorité de Chapelant sur Girodiaz ;

2º les conversations engagées entre ce dernier et les Boches, ce qui a toujours été et est encore formellement interdit par le Règlement.

(Voir les devoirs au combat du règlement d'infanterie du 1er février 1920).

La brochure publiée par la Ligue des Droits de l'Homme et la publication du Quotidien de décembre 1924 disent toutes deux « Printemps 1915 ». Du 9 octobre 1914 au Printemps 1915, il n'y a pas un an et demi que je sache ?

?

Cette transmission de ses ordres aux 4 mitrailleurs, non pas « survivants » de la section, mais placés à côté de lui, est un roman peu flatteur pour Chapelant. Il a été débité aussi par le soldat transfuge Lacroix, de la 3e, dans sa déposition du 16 juin 1919, où, il déclare que ce procédé a été employé « le 6 et le 7 octobre ».

Il suffit de lire les comptes-rendus précités du 6, de Chapelant lui-même et du capitaine Rigault, pour constater que les liaisons existaient et pas du tout avec de pareilles difficultés.

Le récit de Me Badiou est un tissu de

Il fut le dernier entre les mains des Boches. »

« Il a, par deux et même peut-être trois fois, fait passer l'ordre de ne pas se rendre… il fut le dernier entre les mains des Boches. »

Vraiment, ce fait là et tous les autres ne forcent-ils point votre conviction ?

**

Mais il faut aller plus loin. Pour que la réhabilitation soit éclatante, il ne faut pas que l'ombre du moindre doute subsiste. Il faut que l'accusation soit prise à la gorge et étranglée.

Or, que dit l'accusation ?

C'est le Lieutenant-Colonel Didier qui la formule ainsi :

« A douze heures et quelques minutes, un homme affolé accourut des tranchées au moment où nous nous mettions à table et dit : « Girodiaz vient de se rendre avec vingt hommes et Chapelant les a suivis. »

Et voilà. C'est tout : quatre lignes, même pas. Et c'est avec cela qu'on va condamner Chapelant !

Quoi ! un homme accourt des tranchées. Mais quel est cet homme ? son nom ? De quel élément, de quelle section, de quelle escouade vient-il ? Et d'où vient-il ? Des « tranchées ».

C'est bien vague. Vient-il de la tranchée de Chapelant

mensonges démolis par les aveux de Chapelant et par la déposition des autres transfuges.

J'y retiens seulement le demi-aveu de la reddition : « il a fait passer l'ordre de ne pas se rendre…, il fut le dernier entre les mains des Boches », moi j'ajoute : « parce que, sorti de la tranchée pour aller se rendre, il s'est mis derrière ses hommes en arrivant chez les Boches. » Si non, *comment* a-t-il été le dernier *entre les mains* des Boches ? C'est ce que ne dit pas M. Guernut… et pour cause.

**

Battage ! !

Tissu, presque puéril, de mensonges, de calomnies, de diffamations pour arriver à cette conclusion, voulue d'avance, que la justice militaire n'est pas celle de M. Guernut.

1° L'usage de l'arrivée, à toute allure, (dès qu'un incident sérieux se produisait sur mon front) d'hommes envoyés par leur chef ou volontaires, pour « avertir le Colo », existait au 98e avant ma prise de Commandement. J'ai eu du mal à le limiter aux hommes envoyés par leur chef.

2° Dans le cas particulier, l'homme, d'après mes souvenirs, m'avait été envoyé par son chef de tranchée ; de sa tranchée placée derrière celle de Girodiaz, il avait, lui-même, tout vu du passage à l'ennemi des transfuges. Je l'ai interrogé et j'ai donné l'ordre de prendre ses nom, matricule, compagnie, etc…, mais je n'ai pas pris moi-même ces renseignements sur mon carnet, ni sur le moment, ni après.

ou d'une autre ? D'une tranchée voisine ou d'une tranchée lointaine ? Rien ne ressemble plus à des hommes qui se rendent que des hommes qui sont fait prisonniers, car les uns et les autres vont vers la ligne ennemie, mais, dans le premier cas, ils y vont d'eux-mêmes, et, dans le second cas on les y pousse.

Chapelant y est-il allé de lui-même ou l'y a-t-on poussé ? L'homme a-t-il vu de se yeux ou bien a-t-il entendu dire ? A-t-il bien vu ? A-t-il bien entendu ?

On nous dit qu'il était « affolé », raison de plus pour être en défiance. Y a-t-on pris garde ? l'a-t-on interrogé à l'instruction, puis à l'audience ? Il n'y paraît pas. Et on s'en remet à un homme, le Colonel Didier qui n'a rien vu, mais qui a entendu un homme, qui, lui peut-être n'a pas vu davantage.

Là dessus on condamne, on exécute.

O justice militaire, en effet, tu n'es point la nôtre.

3° Voici maintenant les faits :

Mercredi 7 Octobre 1914.

11 h. 5. — Je rentre dans notre maisonnette après être allé voir les blessés au Poste de secours. Hérail m'apprend la mort de Rigault. Je décide que Chapelant conservera provisoirement le commandement de la 3ᵉ avec celui de sa section de mitrailleuses.

11 h. 15. — Profitant du calme momentané nous allons nous asseoir pour manger une bouchée. Arrivée d'un homme essoufflé qui nous rend compte du passage des transfuges aux Boches.

Quelques secondes de silence de stupéfaction. Puis exclamations de ceux qui sont avec moi « c'est impossible ! » J'interroge moi-même l'homme ; il maintient énergiquement ses dires.

Je dis à Raoux : « Si c'est vrai, les 9ᵉ et 10ᵉ ont vu ; demandez leur de suite ». Je dis à Hérail : « C'est vrai ou c'est faux ! Si c'est vrai ça peut être extrêmement grave pour nous ! Allez voir au plus vite, vous même ; si c'est vrai, faîtes-moi prévenir de suite et bouchez immédiatement le trou en prenant les éléments nécessaires dans la 9ᵉ que j'ai mise en soutien de la 3ᵉ. Faîtes-moi refouler à coups de fusil, comme j'en ai déjà donné l'ordre, les Allemands qui cherchent ainsi à se cramponner au terrain à une centaine de mètres devant vos tranchées. Je mets à votre disposition, en cas de nécessité, la petite réserve que j'ai pu reconstituer. »

Il part en courant.

Le passage à l'ennemi se confirme malheureusement et d'une manière indiscutable (Homme envoyé par Hérail, renseignements des 9ᵉ et 10ᵉ, etc...)

Je réfléchis. Cacher un pareil fait à mes supérieurs serait très grave, à cause des conséquences qu'il peut entraîner.

Je décide d'en rendre compte.

11 h. 25. — Je dicte à Doupeux mon compte-rendu ci-après. Il court le passer au téléphone.

« Une cinquantaine d'hommes de la 3ᵉ Compagnie, dont le capitaine a été blessé mortellement ce matin, viennent de jeter leurs fusils et leurs équipements et d'aller se rendre aux Allemands. Je suis désespéré. C'est la défense Nord du village des Loges compromise. Je viens d'envoyer de ce côté les derniers éléments de la brigade qui me restaient. Je ne puis plus répondre de rien si vous ne m'envoyez pas des troupes fraîches, car ces lâches vont renseigner les Allemands sur notre petit nombre et sur notre état de fatigue.

« Le bombardement recommence. »

11 h. 55. — Pour mettre mon Drapeau hors d'atteinte (tant que le trou n'est pas solidement bouché) je vais l'installer, avec Doupeux, à mon Poste de Combat. Croisé, en allant, l'Aumônier (Abbé Lestrade) qui arrive. En quelques mots je le mets au courant.

Midi 10. — Je reviens de ma personne à notre maisonnette.

Arrivée de la réponse ci-après, datée de 12 heures, du Colonel Pentel :

« Le Général de Division m'envoie, de la Poste, 2 compagnies du 121ᵉ que je vais faire diriger, de suite, sur les Loges, comme nouvelle Réserve de Brigade. Vous pouvez en disposer pour remplacer ou renforcer sur le front les unités qui vous paraîtraient trop affaiblies ou déprimées. Il serait très désirable que vous puissiez faire quelques exemples de répression impitoyable à l'égard des lâches. »

Arrivée du Caporal Mitrailleur Pelardy (Chef de la Pièce de gauche de la section de Mitrailleuses Chapelant), et de tous ou presque tous les mitrailleurs en première ligne qui n'ont pas suivi Chapelant (1).

J'apprends, par eux, que, en réalité, Chapelant, en suivant la section Girodiaz de la 3ᵉ, n'a emmené avec lui, chez les Boches, que 4 mitrailleurs de sa section (ou plutôt de la pièce de droite avec laquelle il était) : le Caporal Morton, les soldats Peillon, Monier et Bost. Les larmes aux yeux, Pelardy et ses hommes m'expriment leur indignation de ce qu'a fait leur chef, le sous-lieutenant Chapelant, et me demandent « ce qu'ils doivent faire eux-mêmes, car les 2 pièces étaient abîmées ». Je les félicite de n'avoir pas suivi Chapelant et d'avoir continué à faire leur devoir ; je leur serre la main et leur dis : « Allez me chercher vos mitrailleuses et attendez-moi ici avec. En attendant qu'elles

____

(1) Il y avait Michaud, Morel, Sigot, Vaudelin, Verrière, je crois, tout au moins le soir.

soient réparées, vous resterez, vous, ici, avec ma Compagnie de Réserve ; en cas de nécessité, vous vous battrez avec elle, avec vos mousquetons. »

Puis je donne l'ordre de faire venir, aussi, à notre maisonnette, où il m'attendra également, le caporal-armurier Boiteux (l'échelon était à 1.500 mètres au moins en arrière).

Hérail vient me rendre compte que, « le mal est réparé ».

Midi 45. — Reparti à mon Poste de Combat. Causé avec Faure (1).

Vers 13 h. — Un des canonniers de Faure vient me dire que : *un Parlementaire me demande.*

Nous y allons, Faure et moi. A une cinquantaine de mètres de nous, à la croisée de l'allée forestière et de la route, je trouve « le Parlementaire ». C'est le *sergent Cahen* de la 3ᵉ. Il a un air singulier et regarde partout d'une façon si bizarrement indiscrète qu'elle me frappe.

Je lui dis : « Qu'est-ce que tu me veux ? Comment se fait-il que tu viennes en Parlementaire de la part des Boches ? »

Lui. — « Voilà ! Le Colonel Allemand, à qui nous sommes allés nous rendre tout à l'heure, m'envoie vous sommer de vous rendre de suite, avec le reste du Régiment, si non il va vous lancer dessus 12 Corps d'Armée et 40 Batteries d'Artillerie lourde. »

Je lui réponds ; « Diable, mon ami, c'est trop Kolossal ! Tu me mets dans la situation de Cambronne à Waterloo ; mais, quoique nous ne soyons pas ici à Waterloo, au contraire, je réponds à la sommation de ton Colonel Boche comme Cambronne, c'est-à-dire : « M...e ! »

Il me dit : « C'est bien ; je vais rapporter votre réponse ».

Moi. — « Tu veux faire ton petit Capitaine Géraud à Sidi-Brahim. Mais moi je ne veux pas que tu retournes auprès de ton Colonel Boche, lui rapporter, outre ma réponse : « M...e », tous les renseignements que tu viens de recueillir ici. »

Lui. — « J'ai juré de rapporter votre réponse. »

Moi. — « Je te délie de ton serment et je te défends de partir d'ici jusqu'à ordre contraire de moi. »

A ce moment arrive un autre des déserteurs, un soldat de la 3ᵉ, *Dossing*, qui « est rentré dans nos lignes en rampant à reculons. »

Il commence par se disputer violemment avec le sergent Cahen, qu'il accuse de « l'avoir trompé, ainsi que ses camarades, pour les décider à aller se rendre ». Il lui dit notamment : « Vous nous avez bourré le crâne ; vous nous

---

(1) Le Capitaine d'Artillerie qui était là avec ses 2 pièces : le Tigre et la Panthère.

avez affirmé que le Colonel était tué ; ce n'est pas vrai, puisque le voilà. »

De leur discussion, que j'écoute avec soin, il ressort ce qui suit :

1° Le « Colonel » Boche n'est qu'un « Capitaine blessé, ayant l'écume à la bouche et parlant français ».

2° Ce Capitaine et Chapelant « qui s'était d'abord tenu couché, en arrière des autres » ont causé ensemble avant de m'envoyer le sergent Cahen.

3° C'est 12 Bataillons et 20 Batteries lourdes qui m'attaqueront, ce soir ou demain matin, si je ne capitule pas.

4° Il y a au maximum, une cinquantaine de Boches avec ce Capitaine.

5° Chapelant, lui-même, vient d'essayer, en agitant un mouchoir blanc, de faire rendre les nouveaux occupants de la tranchée « qui n'ont rien voulu savoir. »

Sur mon ordre Faure envoie 4 obus à la « cinquantaine de Boches ». Ils ont été très bien placés.

13 h. 45. — Les 2 compagnies du 121ᵉ arrivent à mon saillant Sud-Ouest. Je les laisse souffler un peu puis je dirige un Peloton, sous le commandement du lieutenant Fervel (1), sur l'entrée Sud du village des Loges, en étai de mon front Nord.

Vers 14 h. 1/2. — Des bruits m'arrivent que *Chapelant aurait fait des signaux* aux défenseurs d'une tranchée près de la voie ferrée pour les faire rendre et que ceux-ci lui auraient tiré dessus.

Vers 15 h. — Autre bruit. Encore et toujours devant ma Compagnie de gauche !! quelques cavaliers ennemis, dont l'un agitait un drapeau blanc, sont apparus à 800 ou 1000 mètres de mes tranchées et, leur faisant face, ont fait des gestes pour entrer en relations avec nous. Mes hommes ont tiré dessus.

Ils se sont enfui.

Je grommelle : « Décidément, aujourd'hui, les Boches sont enragés pour m'envoyer des Parlementaires de toutes sortes. »

17 h. 30. — Rentré à notre maisonnette.

J'apprends d'une façon certaine, le *second crime de Chapelant*, c'est-à-dire sa tentative de faire rendre les défen-

---

(1) Ce lieutenant a fait preuve de telles hésitations et a demandé des explications si puériles pour l'exécution de mon ordre (qui était très facile à exécuter, puisqu'il n'y avait qu'à suivre, sous bois, la lisière longeant le bon chemin en ligne droite qui menait à ma maisonnette) que j'ai demandé, après son départ, des renseignements à ses supérieurs sur sa bravoure, son dévouement et son esprit.

seurs d'une autre de mes tranchées et sa chute, un peu avant 14 heures, sous les balles-réponse de ceux-ci.

Je réponds : « Ce qui pourrait lui arriver de plus heureux pour sa famille et pour lui c'est qu'il ait été tué. »

Un des assistants (1) exprime alors l'idée que : « on pourrait, peut-être, en rendre compte à la Brigade. »

Je lui réponds : « Non ! Jusqu'à présent je n'ai pas parlé, officiellement, du passage à l'ennemi de Chapelant aussi ; l'enquête que j'ai prescrite à son sujet au capitaine Hérail continue. Tous les témoignages verbaux que j'ai déjà reçus, moi, sont unanimes : c'est Girodiaz qui a été l'instigateur de ce passage à l'ennemi et Chapelant l'a suivi. Un sous-lieutenant obéissant à un sergent-major... et dans un cas pareil ! ! Je ne veux pas signaler officiellement une pareille défaillance avant d'en être absolument sûr. Si seulement il avait pu être tué cet après-midi, en commettant la faute, encore plus grave, à mon avis, de chercher, à faire passer à l'ennemi les défenseurs d'une autre tranchée, je pourrais garder le silence et éviter ainsi la honte de 2 crimes aussi monstrueux à sa mémoire, à sa famille, au Drapeau du 98ᵉ.

Puis j'apprends :

le retour dans nos lignes et l'évacuation du caporal-mitrailleur transfuge, blessé, *Morton* ;

les renseignements qu'il a donnés.

Je vais alors aux mitrailleurs restants de la section Chapelant et qui, conformément à mon ordre de vers midi et quart, m'attendent avec leurs 2 pièces. Il y a avec eux *Bost*, qui, après être passé aux Boches avec Chapelant, est rentré vers 13 heures et demie, dans nos lignes. Il me raconte lui aussi, toujours de la même manière, le passage à l'ennemi de Girodiaz, puis de Chapelant. (Papiers Girodiaz. Passage à l'ennemi d'isolés de la section Cahen, qui font, aussitôt après, la liaison entre les Boches et la tranchée Girodiaz. Drapeau blanc hissé dans celle-ci. Passage à l'ennemi de Girodiaz et de sa section et *fraternisation de ces transfuges avec les Boches*. Ordre de Chapelant à ses mitrailleurs de jeter leurs armes et d'aller se rendre à leur tour, avec lui, aux Boches, chez lesquels les déserteurs de la 3ᵉ, *enchantés d'en avoir fini avec la guerre*, agitent déjà des drapeaux et des mouchoirs blancs, pour que toutes les tranchées fassent comme eux).

Bost ajoute : « Le lieutenant Chapelant pourra, peut-être, s'échapper et revenir aussi comme moi. Ce n'est pas difficile ! Les Boches sont très peu nombreux et ne nous surveillaient pas. »

Je réponds : « Après tout ce que je sais déjà sur votre lieute-

____

(1) Doupeux, je crois bien.

nant Chapelant et que tes camarades, et toi aussi, m'avez raconté, il a eu plus qu'une défaillance en allant se rendre aux Boches. Il est chez eux, qu'il y reste. Je crois que cela vaudra mieux pour lui, en ce moment surtout, avec les ordres qui viennent d'arriver du G. Q. G. pour réprimer les défaillances... D'ailleurs, je viens d'apprendre, à l'instant, qu'il est sûrement blessé, et peut-être tué, car vos camarades, d'une tranchée qu'il cherchait à faire rendre, lui ont tiré dessus et l'ont vu tomber. »

Je donne alors, au caporal-armurier Boiteux, l'ordre de faire tous ses efforts pour réparer les 2 pièces le plus vite possible et je donne le commandement de la section au caporal Pelardy.

18 h. 1/2. — Parti à mon Poste de combat.

20 h. 40. — Télégramme officiel confirmant, semble-t-il, la menace d'attaque apportée par le sergent Cahen.

Jeudi 8 Octobre 1914.

9 h. 30. — L'enquête menée sur l'affaire des transfuges est assez avancée pour que je puisse envoyer le compte-rendu ci-après à la Brigade :

« J'ai l'honneur de vous rendre compte que le sergent-major Girodiaz, de la 3e Cie du 98e R. I., par des exhortations écrites et verbales, a entraîné 25 hommes de la 3e Cie à se rendre à l'ennemi. »

« D'après les dires de 3 hommes qui ont pu s'échapper des lignes Allemandes, ce sous-officier aurait été tué hier par des balles françaises (évènement survenu le 7 octobre vers 11 heures). »

16 h. 40. — Reçu la note ci-après du colonel Pentel :

« Le Général (de Division) désire le nom de tous les transfuges et vous prie de vouloir bien établir une plainte en Conseil de Guerre pour tous ces gens-là qui seront jugés comme contumaces. »

L'Enquête continue ; tous les renseignements recueillis ou apportés ne font que confirmer (1).

Vendredi 9 Octobre 1914.

8 heures. — Arrivée du Général Demange. Devant les hommes qui sont là, il m'embrasse et me félicite...

Arrivée d'un des mitrailleurs qui étaient allés se rendre avec Chapelant, *Peillon*. Il était revenu dans nos lignes, dans la nuit du 7 au 8 ou plutôt le 8 de très bon matin, mais ne m'avait pas donné, à moi, signe de vie depuis son retour.

Je lui demande : « Pourquoi ils s'étaient ainsi rendus ? »

---

(1) Le soir, vers 19 heures, déclenchement de l'attaque Boche prédite par Cahen. Je la mouche encore, mais j'ai la jambe gauche caressée un peu fort par une balle.

Il me répond que : « C'est parce qu'ils n'avaient plus de munitions et parce qu'ils étaient séparês du reste du Régiment. »

Je lui dis : « Tu sais bien que ce n'est pas vrai, puisque je vous ai fait ravitailler vers 10 heures et demie au plus tard et que, à ce moment, toutes les tranchées m'ont donné de leurs nouvelles. En outre, vous aviez une autre tranchée, avec un Peloton de soutien, à 50 mètres à peine derrière vous et les hommes de cette tranchée ont vu tout ce que vous avez fait. »

Il ne répond rien.

Je lui dis : « Ne te bile pas ! Tu avais commis une faute grave ; tu l'as rachetée en revenant ».

Le Général Demange lui serre la main, lui dit : « Le Colonel Didier a raison », lui fait raconter son retour (qui me paraît bien mélodramatique) et me dit : « Voyez s'il ne conviendrait pas de le proposer pour une Citation, pour son retour ».

Je m'adresse à Hérail, qui est là : « Prenez son nom, son matricule, etc., et faites faire, de suite, le nécessaire. Ne le perdez pas de vue, il pourra, peut-être, nous donner des renseignements intéressants ».

(Le soir, Herail m'a dit : « qu'on n'avait pas pu le retrouver, qu'il était parti en disant « qu'il allait voir des copains et qu'il n'était pas revenu ».

10 h. 1/2. – Arrivée de Bachellerie (1). Causé avec lui.

Après son départ, appris que : « *Chapelant* est au Poste de Secours, où il est arrivé vers 10 heures, après s'être traîné jusque près de nos lignes, avoir été découvert par un officier du 69ᵉ Bataillon de chasseurs à pied et avoir été transporté, par des Brancardiers du Régiment (98ᵉ), au Poste de secours où on l'a mis. Le Docteur me fait dire qu'il a un genou labouré par une balle, qu'il a été pansé et me fait demander s'il peut l'évacuer de suite ».

Je fais avertir, aussitôt, par téléphone, la Brigade, du retour de Chapelant, en demandant des instructions pour savoir s'il fallait faire établir de suite une Plainte *particulière* contre lui pour désertion à l'ennemi et exitation à la désertion ou, un peu plus tard, comme me le prescrivait l'ordre de hier soir, une Plainte *unique* contre lui et contre tous ceux qu'avait entraînés Girodiaz. Je demande que, dans le cas d'une Plainte particulière, à cause de ma lutte incessante contre les Boches et de mes pertes en officiers,

---

(1) Capitaine commandant un de mes groupes de 75.

Chapelant passe devant le Conseil de guerre de la Division…, si on ne veut pas attendre sa guérison et le faire passer devant un Conseil de guerre de l'Arrière.

Puis *je vais voir Chapelant*. On nous laisse seuls. Il me fait pitié.

Je lui dis, doucement : « Voyons Chapelant, vous m'aviez donné, il y a 4 jours, votre parole d'honneur que vous n'oublieriez plus que vous étiez Officier et que vous deviez non seulement donner toujours le bon exemple, mais encore imposer, au besoin, votre volonté de Chef ».

Il me répond ; « *C'est Girodiaz qui m'a entraîné* ».

Je lui dis : « Mais pourquoi êtes vous revenu dans nos lignes… au lieu de rester chez les Boches ? Avec les ordres actuels (1) vous allez sûrement, passer en Conseil de Guerre ! ».

Il me répond, d'une voix calme, mais d'un drôle d'air : . « *Quand j'ai été blessé, j'ai envoyé un mot au Commandant Allemand pour qu'il me fasse soigner, car j'étais Officier Français. Il m'a fait répondre que les Allemands ne s'occupaient pas des traîtres et les méprisaient.* » (Un éclair de colère passe dans ses yeux ; j'ai l'impression qu'il est furieux après cet officier Boche).

J'en reste bouche bée, pendant quelques secondes, puis je lui dis : « Mais pourquoi avez-vous accepté de ce Commandant de l'aider pour chercher à me faire capituler et pour inviter, ensuite, des hommes restés dans les tranchées, à aller se rendre aussi, aux Boches ? »

Il fait un geste vague de la tête et de la main (à mon avis ce geste voulait dire : « Vous m'ennuyez à la fin) » puis il ferme les yeux.

Je pars en donnant l'autorisation de l'évacuer de suite sur l'Ambulance.

Vers 13 heures 1/2 — Un coup de téléphone de la Brigade m'avertit qu'elle vient de recevoir, du Général Demange, un ordre prescrivant que « Chapelant soit immédiatement livré au Conseil de Guerre Spécial du 98ᵉ lequel saura, certainement, faire son devoir » (2).

Je vais moi-même au téléphone, et je cause à Grapin.

Je lui dis : « Mon cher Grapin, je fais toutes mes réserves sur l'exécution de cet ordre et je les fais pour les motifs ci-après qui font suite à ce que je vous ai déjà fait téléphoner ce matin :

---

(1) du G. Q. G. pour la répression des défaillances.

(2) cet ordre, daté de la Poste 13 heures 15, a été donné ci-dessus par M. Guernut (voir page 53).

« 1º Jusqu'à présent il n'y a, sur les 2 crimes commis par Chapelant, que des renseignements verbaux et les aveux également verbaux, qu'il m'a faits, à moi, ce matin ;

« 2º Pour une affaire aussi grave, où la vie de Chapelant est en jeu, il ne faut pas aller trop vite ;

« 3º Mes officiers et moi, nous avons déjà bien assez à faire avec les Boches. »

« J'estime, moi, que l'affaire des transfuges du 7 est un bloc. C'était, du reste, l'avis du Général Demange hier soir, d'après l'ordre, que vous m'avez transmis, d'établir, « une Plainte en Conseil de Guerre pour tous ces gens-là » Mais j'estime, moi, en outre, qu'il faut la juger en bloc, loin des émotions de la bataille constante que nous soutenons ici contre les Boches, et que, par conséquent, il faut confier ce soin au moins au Conseil de Guerre de la Division. Il jugera, en même temps que Chapelant, les transfuges revenus dans nos lignes (1) et, par contumace, ceux restés chez les Boches.

« A mon avis, cette solution, seule, permettra, d'une part, à Chapelant, de se guérir suffisamment et, d'autre part, de bien déterminer les responsabilités individuelles des coupables. Pour moi, ce n'est qu'après ce premier jugement que Chapelant devra être jugé, lui seul, pour son second crime, puisqu'il l'a commis seul, celui-là…. »

Grapin me répond : « Je vais rendre compte de votre conversation au Colonel Pentel ».

Celui-ci vient lui-même, quelques minutes après, au bout du fil. Se retranchant derrière les ordres du Général Demange, il commence par ne rien vouloir savoir. Devant mon insistance il finit par me répondre qu' : « il va transmettre, de suite, mes désirs au Général Demange ». (sic)

14 heures 10 — Arrivée, par téléphone, des instructions de la Brigade pour Chapelant :

1º Faire établir, de suite, une Plainte en Conseil de guerre contre lui seul ; on verra plus tard pour les autres.

2º Prendre toutes les dispositions nécessaires pour le faire passer en Conseil de guerre du Régiment.

Donné, immédiatement, mes ordres à Hérail pour la Plainte.

Fait redemander, par téléphone, à la Brigade, que Chapelant passe en Conseil de Guerre de Division « car le nombre des Officiers restants au Régiment est bien faible ; tous sont plus qu'absorbés par la lutte incessante avec les Boches, et il est dangereux, à mon avis, d'en enlever 3, au moins, à leur Commandement dans une pareille situation ».

Réponse évasive.

____

(1) Cahen, Morton, Bost, Peillon, Dossing.

14 heures 1/2 — Coup de téléphone officieux de la Brigade. Devant mon insistance, le Général Demange vient de demander, au Général Alix, s'il fallait faire passer Chapelant en Cour Martiale ou en Conseil de Guerre (1).

15 heures 30 — Envoyé à la Brigade la Plainte contre Chapelant.

17 heures 30 — Arrivée, avec le courrier de la Brigade, du document ci-après :

13ᵉ Corps d'Armée

Groupement du Nord   « La Poste, 9 Octobre — 14 h. 15 »

nᵒ 599   « Le Général Commandant le groupement du Nord au Général Commandant le 13ᵉ Corps d'Armée.

« Le Sous-Lieutenant Chapelant du 98ᵉ R.I., passé à l'ennemi avant hier, vient d'être ramené blessé (jambe cassée par une balle — a été ramassé par les brancardiers).

« J'ai l'honneur de demander si cet Officier doit être immédiatement livré au Conseil de Guerre Spécial de son Régiment ou s'il y a lieu d'attendre sa guérison pour le traduire en justice. Dans ce dernier cas, il ne serait plus justiciable sans doute que du Conseil de Guerre ordinaire.

« Il serait évidemment fâcheux de fusiller un blessé, mais, d'autre part, l'exemple immédiat paraît nécessaire.

« Demange. »

« *Décision* du Général Commandant le 13ᵉ Corps d'Armée.

« Il importe d'*élucider immédiatement l'incident* auquel a été mêlé cet officier et de *lui donner la sanction nécessaire*. La nature de la blessure ne semble pas s'y opposer.

« 9 Octobre 1914 — L. Alix.

« Transmis, pour exécution à Monsieur le Lieutenant Colonel Didier Commandant le 98ᵉ R.I.

« Le Plessis, le 9 Octobre 1914 — Pentel. »

« Ci-joint une *Feuille de Déclarations* du sous-Lieutenant Chapelant, certifiée par cet Officier et établie à la demande du Général de Division. Le sous-lieutenant va être reconduit aux Loges.

« Le Capitaine Grapin ».

Voici cette *Feuille de Déclarations*, appelée par tout le monde, depuis, « *Les Aveux de Chapelant* ».

« 9 Octobre — 17 heures.

« Le 7 vers les 12 heures :

« Le Sergent-Major Girodiaz était dans la même tranchée que moi. A un moment donné il a fait passer un papier disant que le village était occupé par les Allemands. Je lui ai fait demander : « En êtes vous bien sûr ? ».

« Réponse : « C'est ce qu'on me dit de la droite de la tranchée ». Je lui ai dit : « Faites un compte rendu au Colonel relatant la

____

(1) Voir, ci-après, cette lettre nᵒ 599, de 14 h. 15.

mort du Capitaine Rigault, le nombre de vos tués et blessés et l'état moral de vos hommes. Le gradé et les hommes qui le porteront s'assureront si le village est occupé ». Je ne sais pas si le gradé y est allé.

« Le Sergent-Major transmet, à nouveau, que « le village est occupé par les Allemands et que le Colonel Allemand demandait à voir le Commandant de la tranchée », Alors je lui ai dit : « Faites ce que vous devez faire » — puis toute la Compagnie partit dans les lignes allemandes.

« Mes hommes (mitrailleurs) m'ont dit : « La Compagnie se rend ». — Alors j'ai dit : « suivons » — nous avons jeté nos armes.

« Le Capitaine Allemand, qui causait français, nous a fait coucher, puis a dit : « si vos Camarades ne se rendent pas, je les fais attaquer par 2 Bataillons : ». Un Sergent de la 3ᵘ Compagnie est allé voir s'il restait encore du monde dans la tranchée évacuée, je ne sais pas ce qu'il est devenu (1).

« A gauche de la voie ferrée et à 300 mètres se trouvait une tranchée française occupée par une dizaine d'hommes. Il fit sortir 2 d'entre nous pour leur faire signe de se rendre. Comme ils ne bougeaient pas, il appela le Lieutenant ; je me présentai. Il me dit d'aller vers les 2 hommes et d'agiter le mouchoir, ce que je fis. A ce moment là je fus blessé et je me mis à l'abri derrière la voie ferrée à 50 mètres de la tranchée allemande. Les autres étaient derrière la ligne allemande ; je ne sais pas ce qu'ils sont devenus.

« Hier matin, 2 hommes valides qui étaient restés sont passés dans les lignes françaises, ils ne m'ont pas emporté.

« Les Allemands ont réoccupé leurs tranchées dans la journée. Le soir ils attaquèrent (2) et furent repoussés, et ce matin, j'ai rejoint avec un homme (3ᵘ Compagnie), en me traînant, les lignes françaises.

« Lu et approuvé, conforme à mes déclarations textuellement enregistrées. »

« J. CHAPELANT ».   « GRAPIN ».

Après avoir lu, je dis : « C'est la confirmation de tous les renseignements verbaux déjà recueillis ici. Mais quelle inconscience ou quel cynisme ? C'est le pendant des aveux qu'il m'a faits ce matin ».

17 heures 50 — Arrivée de Chapelant.

18 heures — Ordre « ferme et définitif » de faire passer Chapelant, demain, en Cour Martiale, et renvoi de la plainte à refaire.

Je vais causer, moi-même, par téléphone, avec le Colonel Pentel. J'insiste encore pour que Chapelant passe en Conseil de Guerre de Division. Le Colonel Pentel main-

____

(1) Voir plus haut, l'histoire Cahen-Dossing.
(2) C'est là que j'ai reçu ma balle.

tient le Conseil de Guerre du Régiment et ajoute : Croyez m'en, mon cher Didier, lavez donc votre linge sale en famille ; ça vaudra mieux pour le 98ᵉ et pour vous ».

Samedi 10 Octobre 1914.

A partir de 8 heures. — Instruction par le lieutenant Lemoël.

L'après-midi, de 14 h. à 17 h. 15. — Conseil de Guerre du Régiment.

Vers 18 heures. — Sur mon ordre (1) Chapelant repart pour l'Ambulance.

Dimanche 11 Octobre 1914.

2 h. 15. — Cycliste de la Brigade. Avec la lettre personnelle, donnée plus haut, du général Demange, il m'apporte les ordres officiels ci-après :

13ᵉ Corps d'Armée   Q. G., le 10 octobre 1914.
25ᵉ D. I.   Le Général Commandant la 25ᵉ Division au Général Commandant le 13ᵉ Corps d'Armée.
Urgent.

« J'ai l'honneur de vous rendre compte que le sous-lieutenant Chapelant du 98ᵉ R. I. vient d'être condamné à mort avec dégradation militaire par le Conseil de Guerre spécial du Régiment précité. »

« *Le Lieutenant-Colonel Commandant le 98ᵉ R. I. demande des instructions en ce qui concerne l'exécution de la sentence, estimant, pour sa part, ne pouvoir faire fusiller un blessé couché.* »

« Le Colonel Commandant la 50ᵉ Brigade est d'avis qu'il doit être passé outre à cette considération qui importe peu, puisqu'il s'agit d'enlever la vie à cet homme et que ce serait une aggravation de peine non prévue par le Code que de surseoir à l'exécution jusqu'à guérison de sa blessure. »

« Je partage l'avis exprimé par le Colonel Pentel et j'estime, en outre, qu'il n'y pas lieu de proposer au Chef de l'Etat une commutation de peine. »

« J'ai, en conséquence, l'honneur de vous rendre compte que, sauf ordre contraire de votre part, l'exécution aura lieu demain 11 octobre. »

                           « Demange. »

Avis du Général Alix Commandant le 13ᵉ Corps d'Armée

(Après une étude des prescriptions alors en vigueur, le Général Alix continue) :

« J'estime donc, en ce qui concerne l'exécution de la condamnation prononcée contre le sous-lieutenant Chapelant, que le

---

(1) J'ai expliqué, plus haut, pourquoi.

Lieutenant-Colonel Commandant le 98° R. I. n'avait pas à demander d'instructions, mais à se conformer aux prescriptions rappelées ci-dessus. »

« Personnellement, je suis d'avis, comme le Colonel Commandant la Brigade et comme le Général Commandant la Division, que, en raison de l'énormité du crime commis et de l'exemple nécessaire à donner dans les circonstances actuelles, que, en raison aussi du grade du Criminel, le jugement doit suivre son cours. »

« Au Quartier Général le 10 Octobre 1914.
Le Général Commandant le 13ᵉ Corps d'Armée. »

« L. ALIX. »

13ᵉ CORPS D'ARMÉE   Quartier Général, le 10 octobre 1914.

25ᵉ DIVISION   Le Général Commandant la 25ᵉ Division d'Infanterie au Colonel Commandant le 98ᵉ R. I.

—

(sous le couvert du Colonel Commandant la 50ᵉ Brigade).

« Vous avez demandé des instructions concernant l'exécution de la sentence prononcée aujourd'hui, par le Conseil de Guerre spécial du 98ᵉ R. I., contre le sous-lieutenant Chapelant de ce Régiment. Le Colonel Commandant la 50ᵉ Brigade, le Général Commandant la 25ᵉ Division et le Général Commandant le 13ᵉ Corps d'Armée estiment que la Justice doit suivre son cours. »

« DEMANGE. »

3 h. 1/2. — Arrivée de l'Aumônier, l'Abbé Lestrade.

7 h. 45. — Envoyé, à la Brigade, le *Drapeau du 49ᵉ Poméranien*, abattu le 7 au matin et qui vient d'être ramassé devant une de mes tranchées.

Vers 8 heures. — Arrivée de Chapelant.

9 heures. — Il sort du Poste de secours pour la dégradation et l'exécution.

9 h. 40. — Mort de Chapelant.

Vers 18 heures. — J'envoie le compte-rendu ci-après à la Brigade :

« Le sergent (1) et les 3 hommes (2) qui sont revenus des lignes ennemies où ils avaient été se rendre sur l'ordre de leurs chefs (sergent-major Girodiaz et sous-lieutenant Chapelant) m'ont exprimé un regret si sincère, en insistant pour que je les mette dans les situations les plus périlleuses, que je leur ai pardonné à condition qu'ils tiennent leur promesse. »

Or des hommes se trouvaient avec Chapelant dans sa tranchée, hommes de sa mitrailleuse et de la mitrailleuse voisine.   Inexact.

(1) Cahen.
(2) Dossing, Bost, Peillon.

Ils sont partis avec lui et s'étant évadés la nuit, ils ont pu rentrer comme lui.

Ils doivent savoir, eux autres, un peu mieux que le Colonel, puisqu'ils y étaient, ce qui s'est passé là-bas : s'il s'est rendu ou s'il a été cerné ; s'il est coupable ou s'il a été malheureux. C'est ceux-là qu'il fallait entendre; l'a-t-on fait ? Non.

Et pourtant, comme leur témoignage eût été intéressant. Ecoutez :

Avec Chapelant, dans la tranchée, il y avait 4 hommes, les mitrailleurs Bost, Monnier, Morton et Peillon. Voilà les vrais témoins et ce sont les seuls. Bost est mort, mais avant de mourir, il a confié son témoignage à un camarade, le mitrailleur Gardet du 98e :

« Il m'a certifié que le sous-lieutenant Chapelant ne leur avait jamais parlé de se rendre ; qu'il était monté sur le terrain, qu'eux suivirent, et que c'est à ce moment que les Boches nous firent prisonniers et nous emmenèrent dans leurs lignes. »

Inexact : Cahen, Morton, Dossing et Bost sont revenus en plein jour, de suite après le passage aux Boches.

J'ai déjà dit plus haut ce que je pensais de l'audition des témoins. Ne m'étant occupé en rien des opérations de l'Instruction et du Conseil, je n'ai appris qu'en 1920, à Reims, lorsque l'affaire Chapelant a commencé dans une certaine Presse, que les témoins n'auraient pas été convoqués. Si, réellement, ceux de ces témoins qui étaient sur place n'ont pas été entendus, c'est que le Rapporteur et le Président ont eu des motifs que j'ignore d'autant plus que le 10 octobre 1914, à 13 h. 55, le Commandant Gaube m'avait déclaré que tout avait été fait et serait fait régulièrement (1).

Ce ne sont pas les seuls témoins.

Et le sergent Cahen et le soldat Dossing n'ont pas été témoins ?! Ils avaient pourtant tout vu puisqu'ils y avaient participé (voir page 73 ce que ces 2 là m'ont raconté).

Quant au caporal Morton, blessé d'une balle à l'épaule gauche, il avait été évacué le 7 au soir et Monier était resté chez les Boches. Je ne vois pas du tout comment ils auraient pu être entendus comme témoins le 10 octobre aux Loges.

Voir plus haut (page 75) ce que Bost m'a raconté à moi.

Dans le récit Gardet, j'admire l'euphémisme « monter sur le terrain » pour dépeindre l'acte qui a consisté à sortir de la tranchée et à gagner la petite crête sur laquelle les Boches cherchaient à se cramponner, à 80 mètres devant la tranchée abandonnée et à 200 mètres au moins en avant de leurs tranchées à eux.

____

(1) Voir page 54.

Les trois autres interrogés, par la Cour de Riom, ont fait dans le détail le même récit et ont conclu de même manière.

Morton, cultivateur à Thuret (cote 90 du dossier) :

« Toute résistance était désormais impossible, il fallait ou se rendre ou se laisser tuer inutilement. »

Monnier, cultivateur à Bussy-Albieux (cote 24 du dossier) :

« Nous n'avions presque plus de cartouches au moment où nos mitrailleuses ont été mises hors de service. Le Lieutenant nous donna alors l'ordre de tirer au mousqueton les cartouches qui nous restaient. Lorsque nous avons eu épuisé toutes nos munitions la situation devenait intenable ; nous recevions des balles de tous côtés ; la 3ᵉ compagnie, en effet, qui était à notre droite avait été faite prisonnière ; il ne restait plus que nous et sans munitions. Il nous était donc impossible de résister et même de nous replier, les balles venant aussi bien par flanc que de

Le détail de leur récit est certainement très intéressant. Pourquoi n'est-il pas donné ?

Comme ils ne se sont pas « laissé tuer » c'est donc *qu'ils se sont rendus*. Du reste voici des précisions de Morton :

1º Déposition du 27 mai 1919 :

« Quant j'ai eu fini mon pansement, *j'ai vu ma section qui était en avant de la tranchée, se dirigeant vers les Allemands. Je l'ai suivie un instant mais voyant qu'elle tombait aux mains des Allemands*, j'ai aussitôt fait demi tour.

2º Lettre du 4 octobre 1919 à M. Chapelant père.

« *Je vis le lieutenant Chapelant et mes camarades sortir de la tranchée. Je suivis.* C'est de là que nous avons été faits prisonniers par les Boches. *En arrivant chez les Boches* je fis demi tour... »

Série de mensonges, comme je l'ai montré plus haut, pour les munitions, l'encerclement par les Boches, la capture de la 3ᵉ.

Mais aveu franc : « *il ne nous restait plus qu'à nous rendre, ce que nous avons fait.* »

Voici des extraits, tout aussi catégoriques, de la déposition du 19 juin 1919 de ce Monier :

« Une section de 28 hommes d'Infanterie du 98ᵉ Régiment, qui était notre soutien de droite, *s'est rendue...* Voyant cela le *lieutenant Chapelant est sorti de la tranchée* et s'est trouvé (1) à 20 mètres environ des troupes allemandes qui emmenaient la section de soutien... Nous avons suivi notre Lieutenant dès qu'il a été sorti de la tranchée et le Lieutenant ne *s'est dirigé vers les Allemands* que quand il a vu qu'il était cerné et qu'il était impossible de fuir. »

---

(1) moi, j'ajoute : « après avoir parcouru une soixantaine de mètres ». La vérité est alors tout entière.

face, il ne nous restait plus qu'à nous rendre, ce que nous avons fait ; nous étions entourés par les Boches... »

Peillon, employé à la Banque Privée de Saint Just sur Loire (cote 75 du dossier de Riom) :

« Arrivés à une trentaine ou peut-être vingt mètres, les Boches prirent le dessus et nous fûmes débordés par la droite et par la gauche, et des balles venant d'en face mirent hors d'usage notre pièce...

« Nous avions, du reste, épuisé toutes nos munitions. Je dis au lieutenant Chapelant : « La pièce est démolie ; que faire ? » Le Lieutenant nous répondit : « Prenez vos mousquetons et défendez-vous comme vous pouvez. »

« Pris sous le feu de l'ennemi, en face, à droite et à gauche, la situation devenait intenable. Vers les 8 heures le caporal Moretton se dressa un instant pour mieux viser, mais il fut immédiatement frappé par une balle à la poitrine. Tous ceux qui laissaient dépasser leur têtes étaient frappés. Au bout de quelques instants les hommes de la Compagnie étaient pris. Et le lieutenant, sortant, ne put faire que quelques pas ; il fut entouré à son tour et fait prisonnier. A aucun moment le lieutenant ne s'est rendu... »

« Dans la situation où nous trouvions il a fait tout son devoir et même peut-être plus que son devoir. »

Je crois que ces dépositions sont claires. Plus de mitrailleuses, plus de muni-

Tout d'abord, voir plus haut ce que m'a dit Peillon le 9 octobre 1914 (8 heures matin).

Ensuite, ce sont toujours les mêmes mensonges pour camoufler et tenter de justifier la redddition. A retenir cependant cet aveu euphémique : « *Le Lieutenant sortant* (de la tranchée indiscutablement) *ne put faire que quelques pas ;* il fut entouré à son tour et fait prisonnier ». Le fait brutal est donc bien toujours là : Chapelant est sorti de sa tranchée pour se rendre aux Boches, qui, naturellement, l'ont, alors, fait prisonnier.

Enfin, voici la Déposition de Peillon du 15 novembre 1919. Elle précise la sortie de la tranchée par Chapelant et ses mitrailleurs après Girodiaz et ses hommes. Elle est intéressante à rapprocher des aveux de Chapelant, pour les petits papiers de Girodiaz.

« La mitrailleuse ne voulut plus fonctionner ; je fus à ce moment légèrement blessé à la joue par une balle qui m'effleura... C'est alors que parvint au lieutenant Chapelant un bout de papier émanant du Sergent-Major de la 3ᵉ Compagnie indiquant que le Capitaine avait été tué, le Lieutenant grièvement blessé et qu'il manquait de munitions ; nous-mêmes commencions à être à court de projectiles. »

« Quand nous ne pûmes plus tirer, comprenant que la situation n'était plus possible *nous sortîmes de la tranchée, le lieutenant Chapelant en même temps que nous. Les hommes de la 3ᵉ Compagnie avait fait de même.* »

Décidément M. Guernut vous êtes féroce pour la 3ᵉ (ça fait 2 fois que vous proclamez sa reddition à elle et

tions, la 3ᵉ compagnie rendue.

Les Allemands de tous les
côtés, *impossible de résister,
situation intenable...*

*Le Lieutenant a été fait
prisonnier, à aucun moment
il ne s'est rendu, il a fait tout
son devoir et même plus que
son devoir.*

Voilà ce que sous la foi
du serment ils affirment
tous. Est-ce que cette unanimité ne vous parait pas
décisive ?

III. - Chapelant n'a pas exhorté ses soldats à se rendre

Chapelant ne s'est pas
rendu, voilà une chose désormais certaine.

Mais est-ce qu'il n'a pas
engagé ses hommes à se
rendre ? Et l'accusation pré-
tend qu'une fois dans la
tranchée allemande et sur
l'invitation d'un officier allemand, il aurait agité un
mouchoir ou un drapeau
blanc pour faire signe à quelques Français restés dans
la tranchée française d'avoir
à se rendre sans tarder.

L'accusation serait assez

que vous niez celle de Chapelant qui a
suivi avec ses 4 mitrailleurs. Pauvre
père de Girodiaz ! !

C'est toujours ce que disent les
capons.

Moi aussi, je trouve les Dépositions
données, ci-contre et ci-dessus, très
claires, mais pour bien prouver, la
sortie de la tranchée dans le but d'aller
se rendre aux Boches, lesquels, évidemment, n'ont pas pu faire autrement que de faire prisonnier, à son
arrivée, Chapelant venu ainsi jusqu'à
eux. Et puis, il y a eu d'autres Dépositions.

En voici une intéressante. Elle a été
faite le 16 Juin 1919 par le Caporal
transfuge Dufour de la 3ᵉ :

« Forcés de *nous rendre* nous avons
hissé le Drapeau blanc.... Nous avons
été pris une trentaine, y compris le
Sous-Lieutenant Chapelant et le Sergent-Major Girodiaz ».

Moi je dis, au contraire : non seulement Chapelant s'est rendu, mais il est
sorti de sa tranchée pour aller se rendre à quelques Boches ; voilà une
chose désormais certaine,

Et moi je dis : l'accusation est fondée.

Voici, d'abord, la Déposition du 19
Juin 1919 du même Monier et, ensuite,
d'autres Dépositions de la même époque — Certains témoins ont évolué —
Pourquoi ? !

1ᵒ Déposition du 19 Juin 1919 de Monier.

« Le Lieutenant Chapelant a été détaché
à 30 mètres de nous environ : les Allemands
lui ont commandé de lever et agiter son
mouchoir pour faire signe aux Français venus en renfort de se rendre ; le Lieutenant
l'a fait, et, au cours de ce geste, il a été

grave. Est-elle fondée ? Un seul moyen de le savoir : Interrogeons ceux qui étaient présents.

Il faut le reconnaître : un témoin l'affirme : *Monnier.*

« Côte 24. — Le Lieutenant Chapelant a été *poussé* vers les lignes françaises par l'officier allemand qui l'a *obligé* à agiter lui-même son mouchoir. »

Mais, vous avez bien entendu : il a été *poussé* et il a été *obligé.* L'officier allemand a *poussé* Chapelant : il *l'a obligé* à agiter son mouchoir. Et Monnier ajoute : « Le Lieutenant n'a agi que contraint et forcé, poussé par l'officier allemand ».

Contraint et forcé ! Est-ce qu'on est coupable, lorsqu'on est contraint et forcé ? Il n'y a faute que quant il y a volonté.

Dans la contrainte pas de responsabilité.

blessé par une balle française ou allemande, je l'ignore, je l'ai vu tomber et je n'ai plus rien su de lui. Je n'ai pas vu les Allemands l'emporter ».

2° *Déposition du 16 Juin 1919 du soldat transfuge Lacroix*

« Par ordre d'un Officier allemand, 2 soldats ennemis ont emmené le Sous-Lieutenant Chapelant et j'ai vu, lorsqu'il était à 40 mètres environ de moi, qu'il est tombé sous les balles. Je ne puis dire s'il a été touché par des balles allemandes ou par des balles françaises. Je ne l'ai jamais plus revu... »

3° *Déposition du 16 Juin 1919 du Caporal transfuge Duffour.*

« Par ordre d'un officier allemand, le Sous-Lieutenant Chapelant a été envoyé vers la voie du chemin de fer à 50 mètres du lieu où je me trouvais. A peine était-il arrivé sur la voie qu'il est tombé frappé d'un projectile. Je ne savais s'il a été tué ou seulement blessé. Je ne l'ai jamais revu ».

Où voit-on, dans ces Dépositions, que Chapelant ait été « poussé, obligé, contraint et forcé ? ». A-t-il fait des difficultés pour exécuter l'ordre qu'il avait reçu, a-t-il fait le moindre geste de résistance ? Non, car les 3 témoins ci-dessus l'auraient sûrement signalé en Juin 1919 ?

D'ailleurs, l'officier Allemand ne pouvait pas le forcer à faire ce geste abominable si Chapelant n'y avait pas consenti.

Enfin le Docteur Bennejeant, l'Abbé Lestrade et moi, nous avons constaté que Chapelant a eu tout son calme et toute sa lucidité, depuis son retour dans nos lignes jusqu'à sa mort.

A quel homme de bonne foi, impartial et sensé, fera-t-on croire que, s'il avait été menacé, forcé d'obéir, il ne l'aurait pas dit, ni dans ses aveux ni devant le Conseil de Guerre.

Or voici ce qu'il a signé après l'avoir dit :

1° *Dans ses aveux précités du 9 Octobre 1914, 17 heures.*

« A gauche de la voie ferrée et à 300 mètres se trouvait une tranchée française occupée par une dizaine d'hommes. Il (l'officier Allemand) fit sortir 2 d'entre nous pour leur faire signe de se rendre. Comme ils ne bougeaient pas il appela le Lieutenant, je me présentai. Il me dit d'aller vers les 2 hommes et d'agiter le mouchoir, ce que je fis. A ce moment là je fus blessé et je me mis à l'abri derrière la voie ferrée à 50 mètres de la tranchée allemande. Les autres étaient derrière la ligne allemande, je ne sais pas ce qu'ils sont devenus ».

2° Dans son Interrogatoire du 10 Octobre 1914.

« Le Sous-Lieutenant Chapelant, sans aucune menace de la part de l'ennemi, n'a pas hésité à exhorter les soldats Français restés fidèles au poste à se rendre »,

Et, en plus de ces Documents, il y a eu les renseignements recueillis à l'époque. Malheureusement je ne les ai pas fait prendre par écrit..., parce que nous n'avions le temps et les moyens d'écrire que pour tout ce qui concernait notre lutte contre les Boches et ses conséquences d'ordre général (ravitaillements, évacuations, organisation, etc.)

Voici mon carnet de route ;

Jeudi 8 Octobre 1914.

6 heures. — Vu les débris de la 3° (1).

Causé avec les Sergents et quelques hommes. Leurs renseignements sur Girodiaz et Chapelant concordent, encore et toujours. Tous croient Chapelant tué « car il n'a plus bougé après s'être traîné un peu en arrière. » 3 hommes m'affirment avoir tiré sur Chapelant et l'avoir touché 2 autres sont moins catégoriques. L'un de ces derniers me dit : « C'est embêtant tout de même d'avoir dû tirer sur un Français et sur un de nos officiers ! Mais il le fallait bien, n'est-ce pas, mon Colonel ? »

Je lui réponds : « sûrement ! il le fallait et je l'approuve . »

La réserve de hier soir cesse. Renseignements sur renseignements me sont donnés... c'est à qui m'en fournira..., trop même, car il y a maintenant des exagérations «aggravantes ».

Pourquoi aurais-je pris ou fait prendre, par écrit, à ce moment, les noms, matricules, etc.., de ces hommes et les renseignements qu'ils me donnaient ? Nous croyions Chapelant tué ou soigné chez les Allemands. Et si, comme je l'ai demandé à son retour, on l'avait fait passer en Conseil dé Guerre normal, on aurait eu le temps de retrouver ces hommes et de recueillir leur témoignages.

Je ne crois pas que M. Guernut lui-même, s'il avait été à ma place et dans les mêmes circonstances, aurait fait autrement que moi.

Mais je vais plus loin. Il n'est pas du tout sûr que Chapelant ait agité son mouchoir. Tous les autres té-

----

(1) relevée pendant la nuit, par une Compagnie du 121°.

moins le contestent et le nient.

L'enquête entreprise au printemps de 1915, sur l'ordre du ministre de la Justice, établissait que les prisonniers avaient été forcés par un officier allemand d'appeler leurs camarades de l'autre côté des lignes.

« Comme les prisonniers étaient terrifiés, dépose M⁰ Badiou, avocat au Puy, greffier de l'information, il fit prendre le mitrailleur pour le placer sur le talus de la voie ferrée et lui annonça qu'il faisait braquer sur lui une mitrailleuse qui tirerait sur lui s'il ne faisait pas les gestes d'appel aux Français. Mais, à peine sur le ballast, le mitrailleur sauta dans le talus du côté français sans être blessé, ni par les Français qui continuaient à tirer, ni par la mitrailleuse placée derrière.

« Furieux de voir manquer son stratagème, l'officier boche fit de suite prendre la place du mitrailleur à Chapelant, exposé au feu des Français et à la mitrailleuse allemande derrière.

« Dès qu'il fut sur le ballast, Chapelant tomba, une cuisse cassée par une balle, il put se trainer sur le fossé du côté français et il fut ensuite ramassé à proximité par les brancardiers du 98°.

« Je ne me souviens pas que le mitrailleur ait parlé des gestes de Chapelant sur le talus. Chapelant avait été blessé de suite, dès qu'il fut poussé sur le talus ».

?

D'abord, un mensonge flagrant. La voie ferrée était perpendiculaire à nos tranchées ; elle ne pouvait donc pas avoir « un talus du côté français ». Ensuite c'est par l'opuscule ci-contre de M. Guernut que j'ai appris cette histoire romanesque.

Si elle était vraie, le mitrailleur qui a précédé Chapelant et pu s'échapper (ce n'a pu être que Bost) l'aurait racontée à sa rentrée dans nos lignes.

Or rien de pareil ne m'est parvenu aux oreilles. Quant à l'évasion, plutôt amusante, de Bost telle qu'il me l'a racontée (course subite et saut dans notre tranchée avant que les Boches soient revenus de leur surprise) elle ne comportait ni menaces ni mitrailleuse ennemies.

Mais, même d'a rès le récit ci-contre, Chapelant a bien été blessé lorsque « pour faire des gestes d'appel aux Français » il faisait face à mes tranchées puisqu'il avait « la mitrailleuse allemande derrière ». Il a donc indiscutablement été atteint par une balle française, puisque le trou d'entrée était sur le devant du genou.

Ainsi d'après l'Enquête de 1915, c'est un mitrailleur voisin et sans doute subordonné de Chapelant, qui aurait agité le mouchoir. Ce ne serait pas Chapelant lui-même.

Et c'est ce qu'affirme le soldat Dufour (cote 44) : « L'officier allemand avait désigné certains de nos camarades pour les envoyer en avant vers la voie ferrée....

« Les premiers ayant été tués, le Sous-Lieutenant Chapelant a été envoyé à son tour dans la même direction ; je l'ai vu partir et escalader le remblai du chemin de fer, puis je l'ai vu tomber lui aussi comme les précédents.. *Je suis certain qu'à aucun moment le sous-Lieutenant n'a agité de mouchoir pour engager nos autres camarades à se rendre*. Je crois, au contraire, qu'en s'en allant vers la voie ferrée. il voulait essayer de regagner nos lignes et d'échapper ainsi aux Allemands ».

C'est ce qu'affirme le soldat Lacroix (cote 45).

« Etant dans le camp ennemi. Je n'ai pas vu.... le Sous-Lieutenant avancer *vers les lignes françaises en agitant un mouchoir pour engager les nôtres à se rendre*. Du reste il me parait difficile et même impossible que pareille chose soit arrivée, puisque ainsi que je vous l'ai expliqué, le Sous-Lieutenant avait été blessé, que je l'avais vu tomber avant d'atteindre la première ligne allemande ».

C'est ce qu'affirme le mitrailleur Peillon (cote 75).

« Je n'ai pas vu le Lieutenant faire un signal pas plus avec *un mouchoir qu'avec un drapeau blanc* ».

?

Si cette affirmation, non pas du soldat mais du Caporal Duffour, a été, réellement, faite en justice. je la trouve grave pour lui :

1° — Parce qu'elle parle de « camarades envoyés en avant vers la voie ferrée et tués ». Or je ne sache pas qu'aucun cadavre Français ait été trouvé par là ;

2° — Parce qu'elle ajoute, à la Déposition précitée du 16 Juin 1919, une « certitude » et une « croyance » pour le moins singulières ;

3° — Parce que c'est ce même Caporal Duffour, qui, comme je l'ai signalé plus haut a, dans sa Déposition du 16 Juin 1919, dit : « Nous avons hissé le Drapeau blanc » (pour passer à l'ennemi).

Pour tout vrai Poilu Français l'affirmation ci-contre de ce caporal est jugée.

Autre affirmation grave pour son auteur.

Le mensonge de Chapelant blessé « avant d'atteindre la première ligne allemande » est en contradiction formelle avec la Déposition précitée du 16 Juin 1919 et tellement « Kolossal » que je n'insiste pas. Il est contredit même par la Déposition ci-contre de M. Badiou.

D'ailleurs, Lacroix ne dit pas que Chapelant n'a pas agité un mouchoir, il dit qu'il ne l'a pas vu faire ce geste.

Dans sa Déposition du 15 novembre 1919, Peillon dit :

« Je n'ai pas vu le Lieutenant Chapelant agiter un mouchoir blanc...

« J'ai pu, en rampant, à la faveur de la nuit et après bien des péripéties, rentrer dans nos lignes.... J'ai vu que le Lieutenant Chapelant avait été blessé au moment où il arrivait sur la voie ferrée, alors que nous venions d'être faits prisonniers ».

L'histoire du retour est romanesque. Le reste, c'est, presque sous la même forme, le mensonge déjà débité ci-contre par le soldat Lacroix. Chapelant n'a pas été blessé en arrivant chez les Boches ou avant d'y arriver il a été blessé, 2 h. 1/2 après son passage à l'ennemi

Enfin, Peillon, comme Lacroix, ne dit pas que Chapelant n'a pas fait de signal, il dit qu'il ne l'a pas vu en faire, très probablement parce que au moment où Chapelant a « agité le mouchoir » (voir ses aveux), Peillon ne le voyait pas ou regardait ailleurs.

La cause, je crois, est entendue.

?

S'il a agité un mouchoir, il l'a fait contraint et forcé ; il y a bien des chances qu'il ne l'ait point fait.

Chapelant a agité, de bonne volonté, un mouchoir « pour faire signe de se rendre » aux défenseurs d'une tranchée française occupée.

Mais votre hésitation dubitative, M. Guernut, vous fait, quand même honneur, à mon avis. Me permettant de vous renvoyer l'hypothèse que vous avez faite à mon sujet, à propos de ma demande de surseoir à l'exécution de Chapelant, je vous dirai : « Etes vous pris de remords ou de scrupules ? Il m'est difficile de sonder votre conscience ».

Vous faites votre métier d'Avocat qui défend une mauvaise cause.

Mais je trouve bien votre hésitation dubitative ci-contre. Vous avez une conscience Française.

Il ne s'est pas rendu.

Il n'a pas exhorté ses hommes à se rendre.

Si.

Ce ne sont pas « ses » hommes (mitrailleurs) qu'il exhortait à se rendre quand il a été blessé ; ce sont d'autres hommes.

Je ne suppose pas que la Ligue des Droits de l'Homme et vous M. Guernut vous soyiez entre les mains des disciples d'Ignace de Loyola.

Son innocence est établie.

IV. - Chapelant n'a pas avoué.

Mais l'accusation ne se croit pas vaincue « Oui, concède-t-elle, les déclarations des témoins ne prouvent peut-être pas la trahison de Chapelant mais nous n'avons pas besoin de témoins ; nous avons mieux, nous avons des aveux. Chapelant est certainement coupable puisqu'il a avoué. Il a avoué à Didier, il a avoué au Commissaire du Gouvernement chargé de l'instruction, il a avoué à l'audience, il a avoué à un officier d'Etat-Major Grapin, et quelques uns de ses aveux sont signés : qu'est-ce qu'il vous faut de plus ?

« Ce qu'il nous faut ? *Des preuves.*

Ah ! Chapelant aurait fait des aveux devant le Colonel Didier ! Où ? Quand ?

« Dès sa rentrée dans nos lignes, quand j'ai été le voir au Poste de secours » déclare Didier ».

Pardon ! Il y a eu un témoin à cette entrevue. C'est Bierce, aujourd'hui employé au P.L.M. à Roanne.

Et voici sa déposition :

« En arrivant dans la cour du Château, j'y ai vu le lieutenant-Colonel Didier, Cdt le régiment, qui se promenait nu-tête et paraissait agité. En me voyant arriver, il m'a demandé qui j'amenais, et, sur ma réponse que c'était le sous-lieutenant Chapelant, il s'est mis à jurer que ce n'était pas un officier ni même un soldat, mais un lâche. Le Colonel a immé-

Ce n'est pas son innocence c'est sa culpabilité qui est établie.

Phraséologie.

Parfaitement, Guernut.

Non.

Guernut va trop fort en reproduisant, comme Parole d'Evangile, ce roman de bas étage, calomnieux et même diffamatoire, où Bierce fait une salade (assaisonnée de mensonges enfantins) avec le retour de Chapelant le 9 octobre à 17 h. 50 et ma visite à Chapelant au Poste de secours, le 10 octobre à 17 h. 30, après sa condamnation par la Cour Martiale. Ce n'est ni le 9 au soir, ni le 10 devant cet extraordinaire Bierce, que j'ai eu les Aveux de Chape-

diatement fait descendre le sous Lieutenant Chapelant que l'on a étendu sur un brancard dans un coin de la cour.

« Le Colonel s'est alors approché de lui, et à haute voix, il lui a demandé à plusieurs reprises pourquoi il s'était conduit si lâchement. Le Lieutenant, qui souffrait toujours beaucoup de ses blessures, lui répondit simplement qu'il n'était pas un lâche et qu'il avait fait, au contraire, tout son devoir.

« Au cours de cette discussion, qui a duré plus d'une demi-heure, je n'ai pas entendu le Colonel préciser en quoi consistaient les actes de lâcheté qu'il reprochait au Lieutenant Chapelant. Mais à la fin le Colonel a tendu son propre révolver au lieutenant, en lui disant que, pour ne pas commettre une nouvelle lâcheté, il n'avait qu'à se brûler la cervelle. Le Sous-Lieutenant Chapelant très calme a refusé l'arme que lui tendait le Colonel, se bornant à répéter qu'il n'était pas un lâche et avait fait tout son devoir.

« *Je ne suis pas un lâche ; j'ai fait tout mon devoir* » Dites moi ; sont-ce là des aveux ?

*
* *

Il aurait avoué, en second lieu, au Commissaire du Gouvernement. Pardon ! Il

lant ; c'est le 9, à 10 h. 1/2 du matin, seul avec lui dans le Poste de secours.

J'ai donné, déjà plus haut, ces Aveux, mais, devant le parti pris manifeste de Guernut, je les répète :

« Je dis à Chapelant : « Voyons Chapelant, vous m'aviez donné, il y a 4 jours, votre parole d'honneur que vous n'oublieriez plus que vous étiez officier et que vous deviez, non seulement donner toujours le bon exemple, mais encore imposer, au besoin, votre volonté de Chef.

« Il me répond : « *C'est Girodiaz qui m'a entraîné !* »

« Je lui dis : « Mais pourquoi êtes vous revenu dans nos lignes... au lieu de rester chez les Boches ? Avec les ordres actuels vous allez sûrement passer en Conseil de Guerre. »

« Il me répond, d'une voix calme, mais d'un drôle d'air : « *Quand j'ai été blessé, j'ai envoyé un mot au Commandant Allemand pour qu'il me fasse soigner car j'étais officier Français. Il m'a fait répondre que les Allemands ne s'occupaient pas des traîtres et les méprisaient.* »

« Un éclair de colère passe dans ses yeux ; j'ai l'impression qu'il est furieux après cet officier Boche. »

« J'en reste bouche bée pendant quelques secondes, puis je lui dis : « Mais pourquoi avez vous accepté de ce Commandant de l'aider pour chercher à me faire capituler (1) et pour inviter ensuite des hommes, restés dans les tranchées, à aller se rendre, eux aussi, aux Boches ? »

« Il fait un geste vague, de la tête et de la main (à mon avis, ce geste voulait dire « vous m'ennuyez à la fin ») puis il ferme les yeux. »

« Je donne, en sortant, l'autorisation de l'évacuer de suite, sur l'Ambulance. »

. . *
* *

J'ai déjà dit (pages 53 et 54) ce que je pensais des affirmations de l'ex-adjudant Rochard devenu Clec de notaire.

---

(1) envoi du Sergent Cahen.

y a quelqu'un qui doit le savoir : c'est le greffier. Interrogeons-le : c'est M. Rochard, clerc de notaire à Roanne.

« Il n'est pas à ma connaissance que le sous-lieutenant Chapelant ait fait, avant l'audience, des aveux écrits, au contraire, c'est moi qui ai assisté, en qualité de greffier, le Commissaire rapporteur Lieutenant Lemoël dans l'interrogatoire préalable qu'il a fait subir avant l'audience à l'accusé, interrogatoire au cours duquel le sous-lieutenant Chapelant a *énergiquement protesté de son innocence.*

« *Le sous-lieutenant Chapelant a énergiquement protesté de son innocence à l'instruction* ».

Donc, il n'a pas avoué.

Erreur, erreur, insiste-t-on, il a avoué.

Si les affirmations ci-contre étaient exactes, Rochard aurait alors signé un faux le 10 octobre 1914 puisqu'il a signé, lui, aussi, ce jour-là, l'Interrogatoire de Chapelant, signé par celui-ci.

A quel homme de bonne foi fera-t-on croire que Chapelant aurait signé ce document s'il ne reproduisait pas ce que lui Chapelant avait dit, reconnu et avoué ?

A partir d'ici, M. Guernut entre dans le maquis de la procédure.

Je me garderai de l'y suivre.

Je ne suis, moi, ni un Retors, ni un Maître de la Chicane, je ne suis qu'un Général.

Voici les Documents Officiels, dans l'ordre chronologique :

1° Interrogatoire de l'Accusé (10 Octobre 1914).

« 1° Le Sous-Lieutenant Chapelant connaissait la mort du Capitaine Rigault, lorsque circula le premier papier du Sergent-Major Girodiaz, et, étant le seul officier, n'a pas pris le commandement de la ligne de feu ;

« 2° Le Sous-Lieutenant Chapelant n'a rien fait pour contrôler les assertions du Sergent-Major, ni pour empêcher de circuler les papiers dont la lecture ne pouvait qu'être déprimante pour une troupe dont le moral était déjà affaibli ;

« 3° Le Sous-Lieutenant Chapelant s'est rendu à l'ennemi, sans aucune pression de la part de cet ennemi et seulement parcequ'il avait vu une vingtaine d'hommes de la 3° Compagnie qui agitaient des drapeaux blancs au milieu des lignes adverses ;

« 4° Le Sous-Lieutenant Chapelant, sans aucune menace de la part de l'ennemi, n'a pas hésité à exhorter les soldats Français, restés fidèles au poste, à se rendre.

« L'Accusé,................................ J. Chapelant

« Le Rapporteur près le Conseil de Guerre...... Lemoël

« Le Greffier .... Rochard.

2° Acte d'Accusation (10 Octobre 1914).

Après avoir reproduit l'Interrogatoire ci-dessus, l'Acte d'Accusation continue :

« D'après l'Interrogatoire précédent, il résulte que les faits reprochés au Sous-Lieutenant Chapelant entraînent les conclusions suivantes :

« Le Sous-Lieutenant Chapelant, étant le seul chef responsable de la ligne de feu, d'après le 3° § de l'Interrogatoire précédent, tombe sous le coup de l'Article 210 du Code de Justice Militaire : « Tout Général, tout commandant d'une troupe armée est puni de la peine de mort avec dégradation militaire, si la capitulation a eu pour résultat de faire poser les armes à sa troupe, ou si, avant de traiter verbalement ou par écrit, il n'a pas fait tout ce que lui prescrivaient le Devoir et l'Honneur.»

« D'autre part, comme suite au § 4° de l'Interrogatoire, il résulte que le Sous-Lieutenant Chapelant s'est rendu coupable de provoquer ou favoriser la Désertion et que, aux termes de l'article 242 du code de Justice Militaire, il doit être puni de la peine encouru par le Déserteur lui-même.

« Article 238, est puni de mort avec dégradation militaire tout militaire coupable de Désertion à l'ennemi ».

3° Acte de Jugement (10 Octobre 1914)

« Le nommé Chapelant, Jean, Julien, Marius, né le 4 Juin 1891 à Ampuis (Rhône), Sous-Lieutenant au 98° Régiment d'Infanterie, domicilié à Roanne :

« *Convaincu* d'avoir Capitulé en rase campagne en faisant poser les armes à sa troupe et en l'entraînant dans sa capitulation sans avoir, au préalable, fait ce que lui prescrivaient le Devoir et l'Honneur, est condamné, à *l'unanimité des voix*, à la peine de mort avec dégradation militaire, par application de l'Article 210 du Code de Justice Militaire.

« Le Chef de Bataillon Gaube, Président le
   Conseil de Guerre...................... GAUBE.
« Le Capitaine Raoux, Juge.............. RAOUX.
« Le Lieutenant Bourseau, Juge........... BOURSEAU.

4° Procès-Verbal d'Exécution (1) (12 Octobre 1914 — 8 h. 20)

« Le Sous-Lieutenant Chapelant, condamné à la peine de mort avec dégradation militaire par le Conseil de Guerre spécial du Régiment a été exécuté le 11 Octobre 1914 à 9 h. 40.
           « Le Lieutenant-Colonel commandant le 98°,
               « L. DIDIER ».

---

(1) Demandé par Note de Service de la Division du 12 Octobre, 7 h. 15.

5° *Demande du G.Q. G. (14 Octobre 1914) (1).*

GRAND QUARTIER GÉNÉRAL
DES ARMÉES DE L'EST

ETAT-MAJOR

1er BUREAU

2945

« Au G. Q. G. le 14 Octobre 1914.

Le Général Commandant en Chef, au Général Commandant l'Armée à Cagny.

« Le Général Commandant le 13° Corps d'Armée m'a rendu compte de l'exécution du Sous-Lieutenant Chapelant, du 98° R. I., condamné à mort par le Conseil de Guerre spécial de son Régiment, pour Désertion à l'ennemi.

« Je vous prie de me faire parvenir une copie du Jugement de Condamnation et du Procès-Verbal d'exécution ainsi *qu'un Rapport du Commissaire du Gouvernement Rapporteur sur les circonstances de l'affaire.* (2)

« Ces pièces doivent toujours être jointes aux comptes-rendus d'exécutions capitales qui me sont adressés.

« P.O. Le Lieutenant-Colonel Chef du 1er Bureau.

« DESTREMAU ».

6° *Rapport du Commissaire du Gouvernement Rapporteur* (17 Octobre 1914) (3)

13e CORPS D'ARMÉE
98e RÉGIMENT D'INFANTERIE

« Les Loges, le 17 Octobre 1914.

« Le 7 Octobre 1914, le Sous-Lieutenant Chapelant s'est rendu à l'ennemi, entrainant sa troupe dans sa reddition dans les circonstances indiquées au *Rapport joint à l'Acte d'Accusation.* A la suite de quoi, le Lieutenant-Colonel commandant le 98 (4)° ordonna la mise en jugement du Sous-Lieutenant Chapelant devant le Conseil de Guerre spécial.

« L'accusation reproche au Sous-Lieutenant Chapelant de s'être rendu à l'ennemi, sans aucune pression de la part de celui-ci, seulement parcequ'il avait vu une vingtaine d'hommes de la 3e Compagnie agiter des drapeaux blancs et d'avoir entrainé sa troupe dans les lignes adverses. *Chapelant reconnait les faits et appose sa signature sur la pièce rapportant l'interrogatoire. Il allègue, pour sa défense, l'état de dépression extrême dans lequel il se trouvait ainsi que son isolement du Régiment.*

L'accusation lui reproche de n'avoir pas essayé de se mettre en liaison et de n'avoir pas su résister aux bruits que faisait courir le Sergent-Major Girodiaz.

---

(1) Cette demande a été transmise le 17 Octobre, sous le n° 842, par la 25e Division (p. o. Commandant Godfroy) et, le même jour, sous le n° C 1, par la 50e Brigade (p. o. Capitaine Grapin).
  990

(2) Jamais, jusque là, je n'avais pas entendu parler de ce document.

(3) J'ai transmis ce Rapport le 18 Octobre.

(4) Sur l'ordre du Général Demange (voir plus haut : 9 octobre : 13 h. 15 et 14 h. 15).

« Comme conclusion d'snquête, le Rapporteur conclue à la responsabilité du Sous-Lieutenant, seul officier restant sur la ligne de feu et déclare qu'il tombe sous le coup de l'Article 210 du Code de Justice Militaire.

« Le Rapporteur,

« LÉMOEL ».

7 *Rapport joint à l'acte d'Accusation* (Document visé ci-desus)

« Déclaration du Sous-Lieutenant à Titre Temporaire Chapelant Jean Julien Marius. du 98ᵉ d'Infanterie.

(Bien que je l'ai donné pages 80 et 81, je la reproduis).

« Le 7 vers les 12 heures :

« Le Sergent-Major Girodiaz était dans la même tranchée que moi. A un moment donné il a fait passer un papier disant que le village était occupé par les Allemands. Je lui ai fait demander : « En êtes vous bien sûr ? ».

« Réponse : « C'est ce qu'on me dit de la droite de la tranchée ». Je lui ai dit : « Faites un compte rendu au Colonel relatant la mort du Capitaine Rigault, le nombre de vos tués et blessés et l'état moral de vos hommes. Le gradé et les hommes qui le porteront s'assureront si le village est occupé ». Je ne sais pas si le gradé y est allé.

« Le Sergent-Major transmet, à nouveau, que « le village est occupé par les Allemands et que le Colonel Allemand demandait à voir le Commandant de la tranchée », Alors je lui ai dit : « Faites ce que vous devez faire » — puis toute la Compagnie partit dans les lignes allemandes.

« Mes hommes (mitrailleurs) m'ont dit : « La Compagnie se rend ». — Alors j'ai dit : « suivons » — nous avons jeté nos armes.

« Le Capitaine Allemand, qui causait français, nous a fait coucher, puis a dit : « si vos Camarades ne se rendent pas, je les fais attaquer par 2 Bataillons : ». Un Sergent de la 3ᵉ Cie (1) est allé voir s'il restait encore du monde dans la tranchée évacuée, je ne sais pas ce qu'il est devenu.

« A gauche de la voie ferrée et à 300 mètres se trouvait une tranchée française occupée par une dizaine d'hommes. Il fit sortir 2 d'entre nous pour leur faire signe de se rendre. Comme ils ne bougeaient pas, il appela le Lieutenant ; je me présentai. Il me dit d'aller vers les 2 hommes et d'agiter le mouchoir, ce que je fis. A ce moment là je fus blessé et je me mis à l'abri derrière la voie ferrée à 50 mètres de la tranchée allemande. Les autres étaient derrière la ligne allemande ; je ne sais pas ce qu'ils sont devenus.

« Hier matin, 2 hommes valides qui étaient restés sont passés dans les lignes françaises, ils ne m'ont pas emporté.

« Les Allemands ont réoccupé leurs tranchées dans la journée. Le soir ils attaquèrent et furent repoussés, et ce matin, j'ai rejoint avec un homme (3ᵉ Compagnie), en me trainant, les lignes françaises.

« Lu et approuvé, conforme à mes déclarations textuellement enregistrées. »

« J. CHAPELANT »,

---

(1) Cahen.

Voici le rapport du Commissaire du Gouvernement qui le certifie :

« L'Accusation reproche au Sous-Lieutenant Chapelant de s'être rendu à l'ennemi sans aucune pression de la part de celui-ci. Chapelant reconnait les faits et appose sa signature sur la pièce rapportant l'interrogatoire ».

Il reconnait, donc il avoue ; *il signe*, donc il confirme son aveu. Et voilà, certes, un document qui est troublant. Voyons donc de près, regardons à la loupe ce rapport du Commissaire du Gouvernement. Les phrases y sont bien en toutes lettres : « *Chapelant reconnait les faits....* »

Mais que vois-je ? Ce rapport de mise en jugement comme le mot l'indique, comme la loi le prévoit (art .108 C.J.M) doit être antérieur au jugement lui-même. Le jugement est du 10 Octobre, l'exécution est du 11. Or, quelle est la date de ce rapport de mise en jugement ? 17 Octobre, 7 jours après le jugement : 6 jours après l'exécution. Que dites-vous de celle-là ?

Voir ci-dessus ce Rapport en entier (pièce 6°).

Tartufferie et jésuitisme cyniques.

Ce n'est pas du tout, en effet, *le Rapport de mise en jugement* », c'est un « *Rapport sur les circonstances de l'Affaire* » que je n'ai reçu que le 17 Octobre l'ordre d'avoir à fournir (voir ci-dessus pièce 5°).

De quoi Guernut ne me traiterait-il pas aujourd'hui si j'avais fait antidater le Rapport qui m'avait été ainsi demandé ?

Nouvelle tentative de diversion de confusion dans le maquis de la procédure.

« *Il appose sa signature sur la pièce rapportant l'interrogatoire* ».

Cherchons cette pièce. La voici. C'est bien écrit, en toutes lettres encore, au milieu de la page et en sous-titre « *Interrogatoire de Chapelant* ». Et c'est bien signé par l'accusé Chapelant. Mais regardons de plus près :

« 1° Le sous-lieutenant Chapelant connaissait la mort du capitaine Rigault, lorsque circula le premier papier du sergent-major G... et étant le seul officier, n'a pas pris le commandement de la ligne de feu ;

« 2° Le sous-lieutenant Chapelant n'a rien fait pour contrôler les assertions du

C'est la pièce 1° ci-dessus.

Sergent-Major, ni pour empêcher de circuler les papiers dont la lecture ne pouvait
qu'être déprimante pour une troupe dont le
moral était déjà affaibli ;

« 3° Le sous-lieutenant Chapelant s'est
rendu à l'ennemi, sans aucune pression de
la part de cet ennemi, seulement parcequ'il
avait vu une vingtaine d'hommes de la 3e
Compagnie qui agitaient des drapeaux
blancs au milieu des lignes adverses ;

« 4° Le sous-lieutenant Chapelant, sans
aucune menace de la part de l'ennemi, n'a
pas hésité à exhorter les soldats français
restés fidèles au poste à se rendre. ».

« L'accusé.............. ...... CHAPELANT.
« Le rapporteur près le Conseil de
Guerre .... LEMOEL.
« Le Greffier.............. ... ROCHARD. »
« Aux Loges, le 10 octobre 1914 ».

C'est tout ! Et c'est ce qu'ils appellent
un interrogatoire?

En justice civile, interroger quelqu'un, c'est lui poser des questions et
noter ses réponses. Ici de questions
point ; de réponses encore moins.

M. Guernut n'a, très pro-
bablement, ni procédé à un
interrogatoire, ni fait des
paperasses, sous les mar-
mites et les balles et sous la
menace constante d'une attaque ennemie obligeant à
lâcher procédure et pape-
rasse pour courir reprendre
le Commandement de ses
hommes et arrêter les Bo-
ches.

Mensonge calomnieux et
diffamatoire.

L'interrogatoire de Chapelant est une
pièce dans laquelle Chapelant n'inter-
vient pas.

Y aurait-il erreur de plume? Du tout;
nous lisons plus bas :

« D'après *l'interrogatoire* précédent, il
résulte que...

« D'après le troisième paragraphe de
l'interrogatoire précédent... »

« Comme suite au paragraphe 3 de *l'interrogatoire*... »

Donc, pas de confusion possible ; tel
est l'interrogatoire de Chapelant qui a
été soumis aux juges.

Mais voyons, voyons ! ce texte nous
donne une sensation de déjà vu. Il

Plein maquis de la chi-
cane procédurière.

nous semble que nous l'avons déjà trouvé ailleurs. Cherchons.

Cherchons bien.

En effet, voici la pièce exactement semblable, que dis-je ? identique, et elle est intitulée *acte d'accusation*.

Peut-on imaginer quelque chose de plus énorme : à la place de l'interrogatoire, mettre ouvertement, délibérément, j'allais dire cyniquement, disons plutôt naïvement, l'Acte d'Accusation ; soumettre aux juges, comme étant la thèse de Chapelant, la thèse du Général Didier ?

O justice militaire, parodie du bon sens et de la justice !

Est-ce que Chapelant aurait avoué en Conseil de Guerre ?

Interrogeons le greffier M. Rochard (Cote 42) :

« Le sous-lieutenant Chapelant n'a reconnu, à aucun moment des débats, pendant l'audience du Conseil de Guerre, s'être rendu à l'ennemi sans aucune pression et avoir entraîné ses hommes dans les lignes Allemandes. Il a, au contraire, énergiquement protesté de son innocence et affirmé continuellement qu'il avait fait tout son devoir. »

Ainsi donc Chapelant n'a pas avoué à Didier.

Il n'a pas avoué au Commissaire du Gouvernement pendant l'instruction.

Il n'a pas avoué aux juges au cours de l'audience.

Les prétendus aveux de Chapelant ont été forgés par l'accusation sept

Piéce 2° ci-dessus.

M. le Secrétaire Général Guernut, vous allez, décidémen, trop fort dans votre ardeur à défendre Chapelant.

Vous n'avez écouté qu'un son de cloche, celui de M. Chapelant père, et des témoins qu'il a, lui-même, choisis après maintes et maintes démarches. Vous appelez-ça « votre justice » !! ...moi, j'appelle ça « votre bon plaisir ».

Quant à ma « thèse » c'était de faire passer Chapelant en Conseil de Guerre normal après sa guérison : voyez plus haut S.V.P.

Oui : voir l'Acte de Jugement (pièce 3° ci-dessus).

Je me contente de répéter, encore. Pourquoi, alors, M. Rochard a-t-il signé avec Chapelant l'Intérrogatoire où celui-ci reconnait ses 2 crimes ?

Si, il m'a avoué (voir pages 78 et 94).

Si, voir les pièces 1° et 6° ci-dessus.

Si, voir la pièce 3° ci-dessus.

Calomnie et diffamation (voir plus haut ma réponse

jours après le jugement, six jours après l'exécution.

Et c'est ça qu'on appelle la justice !

Mais je veux poursuivre l'accusation dans son dernier refuge.

On nous dit :

Oui Chapelant n'a peut-être fait d'aveux ni à Didier, ni au Commissaire-rapporteur, ni aux juges : mais il en a fait à Grapin, capitaine d'État-Major à la 50e Brigade, aujourd'hui Chef de Bataillon au 98e à Roanne.

Le capitaine Grapin était chargé d'interroger les prisonniers Allemands amenés dans nos lignes, et c'est pour avoir des renseignements sur les positions ennemies que le 9 octobre, à 5 h. du soir, « derrière un pan de mur démoli », près du poste de commandement de la Brigade, il s'est entretenu avec Chapelant étendu sur la paille, la jambe brisée. Et Chapelant lui aurait avoué que le 7 octobre au matin il avait « suivi » le mouvement des hommes qui se rendaient et, à la demande d'un officier Allemand, il avait agité un mouchoir pour appeler les camarades.

Je pourrais récuser ce témoignage qui n'a aucune valeur juridique, car il n'a pas été recueilli par un officier du Parquet militaire en présence d'un greffier avec les garanties d'usage ; il n'a été reproduit ni à l'instruction ni à l'audience, et, d'après la déposition du colonel Gaube, président du Conseil de Guerre, il n'aurait pas été soumis aux juges du Conseil. Mais ce n'est pas pour cela que je l'écarte. Je l'écarte pour deux raisons.

Voici la première : Le lieutenant Chapelant a été blessé le 7 octobre

à ce sujet : Rapport du Commissaire du Gouvernement.

?

Battage.

Qui ça, on ?

De nouveau, maquis de la chicane procédurière, avec aggravation de mensonges, de calomnies, de diffamations.

1° Si le Capitaine (aujourd'hui Commandant) Grapin a réellement raconté ce qui est écrit ci-contre, il a fait une description trop théâtrale de l'endroit où il a reçu les Aveux de Chapelant et il a déformé la vérité (inconsciemment ou par absence de mémoire, je l'espère pour lui).

Ce n'est pas « pour avoir des renseignements sur les positions ennemies » qu'il a interrogé Chapelant ; c'est « sur la demande du Général de Division » pour « élucider l'incident (1) auquel avait été mêlé » Chapelant et lui donner la sanction nécessaire (voir page 80, la lettre n° 599, du 9 Octobre, 14 h. 15, du Général Demange au Général Alix. Elle porte la transmission du Capitaine Grapin lui-même)

Quant aux Aveux de Chapelant ainsi recueillis, par le Capitaine Grapin, je les ai déjà donnés plus haut (pages 80, 81 et 98). Il me

---

(1) Passage des transfuges à l'ennemi le 7 octobre.

dans la matinée ; deux jours et deux nuits, il reste sur le terrain, sans soin ni nourriture, perdant le sang, grelottant de fièvre. Les brancardiers qui le relèvent le trouve « épuisé ». Lorsqu'on veut le soulever ; nous déclare Sabatier, il supplie : « Laissez-moi, je souffre trop ». On le transporte du terrain au poste de secours, du poste du secours à l'ambulance, de l'ambulance au Château ; il ne peut supporter le cahot de la voiture et prie à « chaque instant » qu'on l'arrête. A un camarade (Auguste Barral, de Roanne) qui veut lui toucher la main, il est hors d'état de répondre. Il était abattu, dit Tavel (cote 95), dans un état de faiblesse extrême : c'était une vraie loque, dit Coutisson (cote 73).

Que dis-je ? Interrogé par une commission rogatoire de la Cour de Riom, M. Grapin le reconnait très loyalement lui-même :

« Je dois vous dire que, dès le commencement de son récit, Chapelant m'a paru très déprimé physiquement et surtout moralement, et qu'il ne m'a pas semblé se rendre compte de la portée et de la gravité de son récit... Il n'existait plus moralement... Je ne l'ai pas, d'ailleurs, questionné plus à fond, vu l'état moral dans lequel il était, comprenant que ce qu'il pourrait me dire serait sans intérêt. »

En bonne justice, on ne retient pas les aveux échappés dans le délire ou arrachés par la torture. Et voilà la première raison pour laquelle les prétendues déclarations de Chapelant sont à nos yeux inexistantes, et selon le mot de M. Grapin lui-même, « sans intérêt. »

Voici la seconde raison : C'est qu'il est impossible que le 9 octobre, à 7 h. du soir, Chapelant ait en conscience avoué son crime. Il ne l'aurait avoué que ce jour-là, à cette heure là, à cet homme là.

semble inutile de les répéter ici.

Tout ce qui précède montre qu'ils ont été, sur tous les points, (sauf pour le retour et la sommation du sergent Cahen) en concordance complète avec les résultats de l'enquête commencée depuis le 7 Octobre à 11 heures 15, et qu'ils ont été renouvelés à l'Instruction et devant la Cour Martiale.

2° Chapelant a toujours conservé son calme et sa lucidité d'esprit jusqu'à la fin. (voir, en particulier, la lettre du 18 Avril 1921 de l'Abbé Lestrade et celle du 21 Juin 1923 du Docteur Bennejeant).

Erreur d'impression sans doute ; c'est 5 heures du soir ou 17 heures.

A tous les autres, avant et après, toujours il a protesté de son innocence.

Il a protesté, nous l'avons vu, auprès de Didier (témoignage de Bierce).

Il a protesté auprès de Sabatier. « Donc il fut amené plusieurs fois du Plessier aux Loges, à la résidence du Colonel pour y être interrogé. Dans le parcours qu'il fit du Plessier aux Loges, j'eus l'occasion de lui parler. Il m'a toujours dit : « *Je suis innocent* ».

Il a protesté auprès de Bierce (1) : « Pourquoi le Colonel me menace-t-il de me faire fusiller ? J'ai cependant fait mon devoir et *ne suis point coupable.....* Le lendemain il fut rappelé de nouveau. Cette fois, j'entendis le Colonel traiter votre fils de lâche et il voulut lui donner son révolver pour qu'il se brûle la cervelle. Tiens voici mon révolver et brûle-toi la cervelle pour ne pas prouver ta lâcheté une deuxième fois. Votre fils refusa ; « Je n'ai point besoin de me brûler la cervelle, puisque j'ai fait mon devoir et que *je suis innocent* ».

Il a protesté à l'instruction, il a protesté à l'audience (témoignage de Rochard).

Condamné, il persiste. Il remet des lettres à son camarade Tavel. « Il m'a parlé de son affaire, mais en protestant toujours de son innocence; il m'a déclaré avoir fait tout son devoir et ses dernières paroles ont été : si plus tard tu vois mon père, *dis-lui bien que je ne suis pas un lâche* » (2).

Faux.

Décidément Guernut exagère en revenant sur ce roman de bas étage (voir pages 93 et 94).

A toutes ces soi-disant protestations d'innocence, je répondrai ce que j'ai déjà dit à leur sujet pages 56 et 57.

Le mot « innocent » n'a jamais été prononcé, par personne, à l'époque. Chapelant et ses trop nombreux admirateurs trouvaient qu'*il avait fait son devoir* en allant se rendre aux Boches, car il « avait ainsi sauvé la vie de ses hommes ».

J'ai même entendu, hélas ! des hommes, qui étaient venus « voir l'exécution » dire tout haut quand Chapelant est sorti du Poste de Secours (et c'est pour cela que j'avais été chercher mon révolver) : « Si tout le monde faisait comme lui la guerre serait tout de suite finie »

Faux (voir plus haut).

Pourquoi son père et ses défenseurs n'ont-ils jamais publié aucune de ses lettres de cette époque ?

Il m'a été affirmé, à ce moment, de plusieurs côtés, qu'il avait écrit des lettres à

---

(1) M. Guernut donne là une variante Bierce à la déposition du même Bierce qui figure pages 93 et 94.

(2) Dans sa déclaration du 25 juillet 1919 Tavel dit, *au contraire* : « J'étais malade et au repos au poste de secours régimentaire du Plessier lorsque le sous-lieutenant Chapelant, blessé au combat des Loges, y fut amené. Comme ancien soldat de sa Compagnie je lui rendis quelques menus services notamment je me chargeai de l'expédition de ses lettres et j'allai lui chercher à manger à la cuisine.

« Je ne sais rien des circonstances dans lesquelles il a été blessé, fait prisonnier puis condamné à mort.

Sur le lieu de l'exécution, désespérément il continue. « On l'a mis debout contre un arbre, dit Vaudelin.... *Il a toujours protesté de son innocence*, (cote 54).

Sabatier, nous dit Joseph Perret, de Vienne (Isère) :

« Sabatier attacha lui-même Chapelant sur le brancard, et quand tout fut terminé, Chapelant lui serra la main en lui disant : *Je suis innocent, on le saura plus tard* ».

Sabatier nous le confirme : « Arrivé sur le lieu de l'exécution, votre fils, en me touchant la main, me dit adieu et ajouta : « *Je suis innocent, on le saura plus tard* ».

Une vieille femme du pays Céline Dubois, veuve Delarue, propriétaire à Beuvraigne, 73 ans, assiste à l'exécution (cote 52) :

« J'ai parfaitement vu l'installation et le Colonel s'approcher du condamné et lui présenter son révolver en lui disant : « Si tu n'es pas un lâche, brûle-toi la cervelle ». Le Lieutenant lui répondit : « Je ne me brûlerai pas la cervelle car j'ai fait mon devoir et je suis innocent ».

ses parents, à des amis et à une petite amie.

Si, réellement, Chapelant avait été innocent, ces lettres auraient, depuis longtemps, été mises en pleine lumière, car elles auraient sûrement proclamé cette innocence.

Alors ! Quels sont donc les dessous que cache une réserve aussi extraordinaire?

Série de mensonges pour tout (voir plus haut pages 56 et 57, et en particulier, les lettres du 15 Avril 1921 du Lieutenant Grosleron et du 18 Avril 1921 de l'Abbé Lestrade).

Ça, c'est le bouquet du feu d'artifice aveuglant de M. Guernut !

Madame Dubois, à 40 mètres, au moins, de Chapelant et de moi, aurait entendu des paroles que les Brancardiers tout près n'ont pas entendues ? (voir Déposition du 26 Juillet 1919 de Sabatier (1).) C'est un comble !

Voici mon carnet de route:

« Très étonné, j'aperçois une femme âgée, en vêtements sombres, l'air bizarre; qui se faufile d'arbre en arbre, parallèlement et à une quarantaine de mètres de nous, le long des arbres de la bordure sud de la pelouse ».

Voici cette Déposition.

(1) « Le 11 octobre au matin, jour de l'exécution, j'ai aidé à le sortir du Poste de secours ; nous l'avons déposé dans la cour du Château. Alors le Colonel fit retirer les Brancardiers et resta seul avec l'Aumônier auprès du sous-lieutenant Chapelant ; ils eurent une conversation à eux 3. Ensuite l'Aumônier se retira et le Colonel resta seul avec l'officier, ils eurent une altercation. Ensuite le Colonel nous fit signe de venir et nous portâmes le sous-lieutenant à l'endroit de l'exécution ; en route, il m'avait dit : « Le Colonel m'a offert son révolver pour que je me tue ; je lui ai répondu que je n'avais pas à me tuer, que *j'avais fait mon devoir* ». Il m'avait dit aussi qu'*il avait demandé à être guéri avant d'être traduit en Conseil de Guerre*, ce qu'on lui avait refusé. »

Donc, jamais, à aucun moment, devant personne Chapelant n'a avoué « son crime ».

Jamais d'aucune manière il n'a commis de crime. Jamais il ne s'est rendu, jamais il n'a exhorté les autres à se rendre. Toujours il a affirmé qu'il avait fait son devoir. Toujours il a crié son innocence. Et il est innocent.

V. - La réhabilitation

Citoyens, j'ai fini. Et je m'excuse encore une fois d'avoir infligé à une assemblée nombreuse, qui eût été aisément frémissante, une démonstration austère, qui, de parti pris, n'a rien voulu emprunter aux agréments du style ni aux ressources d'une vaine éloquence. Je me suis ingénié ni à vous plaire ni à vous émouvoir ; j'ai cherché uniquement à vous éclairer et à vous convaincre. M'adressant à votre seule raison, je n'ai fait usage que d'arguments, tranquilles et nus, dépouillés de toute passion, dépouillés de

« Elle s'arrête derrière chaque arbre, et, passant la tête seule, nous regarde avec des yeux d'hallucinée.

« Après l'Exécution j'ai demandé qui elle était et comment il se faisait qu'elle était là. J'ai alors appris que « c'était une personne de Beuvraignes devenue aux trois-quarts folle depuis que les Boches avaient pris Beuvraignes et l'en avaient chassée et qui venait demander à manger à nos hommes qui avaient pitié d'elle et à qui elle racontait des histoires de démente ».

Non pas « son crime » mais « ses deux crimes successifs ». M. Guernut vous avez tiré un feu d'artifice si bien préparé qu'il a aveuglé ceux qui voyaient et fait voir les aveugles. Mais moi, qui ai vu de mes yeux, entendu de mes oreilles et vécu les faits de l'époque, je persiste à penser que Chapelant a été coupable.

?

toute rhétorique. Et ma tâche est maintenant accomplie si vous êtes assurés, comme je le suis moi-même, qu'une effroyable erreur a été commise et que votre compatriote est innocent.

Je n'ai parlé que de Chapelant, je n'ai parlé que de la victime. Il m'eût été facile de dresser devant vous, comme une cible à votre colère, un individu dont le moins que je veuille dire est qu'il a été léger. Mais la légèreté, excusable chez les petits, est une faute chez ceux qui commandent, et il est des ciconstances où elle confine au crime. Je n'en dirai pas plus. Pour être innocent le lieutenant Chapelant n'a pas besoin que le colonel Didier soit flétri. Et la Ligue des Droits de l'Homme, au nom de qui je parle, n'aime pas beaucoup se donner figure d'accusatrice. Quoique la justice, pour être satisfaite, exige aussi la punition des coupables, notre association de justice laisse volontiers à d'autres le rôle de procureur. Il suffit à son ambition d'être la défense, la sainte défense, de parler pour celui qui est muet, de protéger la vie de ceux qui vont mourir et l'honneur de ceux qui sont morts.

Quel Jésuitisme ! Quel individu êtes vous donc M. Guernut ? Voici la lettre que m'a écrite le 17 Juillet 1920, M. Faci, le secrétaire de votre section Oranaise.

« Avant de quitter Oran, je me suis entretenu avec les deux rédacteurs de la « Lutte Sociale » qui ont pris connaissance des documents relatifs à votre affaire (1). J'ai acquis la conviction que les accusations portées contre vous n'étaient pas fondées. Je n'ai eu aucun tort envers vous mais j'estime qu'il est du devoir de ceux qui luttent pour la justice, d'aider à la manifestation de la vérité.

« Au cours de notre entretien, j'ai pris l'engagement de faire la lumière sur votre affaire, dans toute la mesure où les circonsrances me le permettront. C'est pour cela que *j'ai cru devoir intervenir auprès du Comité Central. J'ai mis le Secrétaire Général au courant* de la campagne de la *Lutte Sociale*, de notre entretien, des documents que vous possédez, des rectifications insérées dans la *Lutte Sociale* ; j'ai fait allusion aux campagnes intéressées de certains journaux, au silence dont on entoure certain nom, au mutisme du Ministère de la Guerre. Ce sont là autant de présomptions, si non de preuves, *qu'on veut vous faire jouer le rôle de bouc émissaire.*

« Le Secrétaire Général m'a promis d'examiner minutieusement le dossier de votre affaire en tenant le plus grand compte des renseignements que je lui ai fournis. J'ai l'impression nette que cette affaire sera définitivement classée.

---

(1) Après :

1° Autorisation de mon Général de Division Cherrier ;

2° Parole d'honneur de ces 2 Rédacteurs qu'ils garderaient pour eux les noms Pontel, Demange, Alix.

« En tous cas, je suis à votre disposition pour faire valoir tous arguments que vous jugerez utiles. Les règlements ne vous permettent pas de répondre directement aux attaques dont vous êtes l'objet. Le seul fait que vous êtes désarmé doit rendre votre cause sacrée. Général ou simple soldat, riche ou pauvre, il ne faut pas que nous soyons indifférents à votre souffrance imméritée, il ne faut pas que nous laissions planer sur vous le plus grave des soupçons. Les plus grands criminels peuvent se justifier. Il faut que vos accusateurs soient convaincus de votre innocence ; il faut arrêter, si possible, la campagne de presse, car le mal est irrémédiable quand le venin de la calomnie est répandu.

« Voilà Monsieur le souci qui m'anime. J'ai été profondément troublé quand vous m'avez parlé du tourment de votre femme.

« *Celui qui accuse injustement et consciemment n'est-il pas le dernier des misérables ?* (1)

« Je me refuse à croire que la Ligue continue à vous accabler sans avoir en main des preuves certaines que vous êtes coupable.

« *La Section de Lyon a certainement été de bonne foi, mais elle a agi avec légèreté* (1). Les affaires d'honneur doivent être passées au crible. Quant on avance des faits aussi graves, on doit pouvoir en faire la preuve d'une manière absolument irréfutable. C'est ainsi que nous instruisons les affaires de cette nature à la Section d'Oran. »

« Veuillez agréer Monsieur, l'assurance de mes meilleurs sentiments. »

« FACI. »

Si c'est vous M. Guernut, qui étiez déjà, à cette époque, Secrétaire Général de la Ligue, vous avez singulièrement agi vis-à-vis de M. Faci.

Vous ne pouvez pas arguer, en outre, de votre ignorance au sujet de mon rôle réel dans cette Affaire, puisque, le 5 octobre suivant, (1920) la Section Oranaise a envoyé, à ce sujet, un Rapport au Comité Central de la Ligue.

Alors ! ? Qu'est-ce qu'il y a donc derrière le masque que vous avez mis ?

Quant à la *légèreté* que vous m'attribuez, comme ça de chic, vous ferez bien de méditer la lettre ci-dessus de M. Faci, un des vôtres, et la « Parabole de la Paille et de la Poutre ».

Cher Monsieur Chapelant, me permettrez-vous à présent de me tourner vers vous ?   ?

---

(1) Qu'est-ce que vous en dites Guernut ?

Depuis cinq ans, j'ai collaboré avec vous, témoin respectueux de votre douleur. Vous le dirai-je aujourd'hui ? ce que j'ai le plus admiré en vous, c'est votre stoïcisme. D'autres se seraient abîmés, vous vous êtes redressé. Vous avez voulu vivre. Vous avez voulu survivre, pour lui, pour sa mémoire. Vous avez remué tout, cherché partout ; vous les avez interrogés tous, les compagnons du martyr, et vous les avez reconstituées toutes, une à une, les scènes du calvaire ; vous l'avez fait avec une sévère précision, sans émotion apparente, comme s'il s'agissait d'un autre, l'esprit obsédé, les yeux secs.

Vous souvient-il qu'un jour j'ai commis l'indiscrétion de vous en dire ma surprise. Et vous m'avez répondu. Citoyens, l'histoire attribue à des grands hommes bien des grands mots qui n'ont jamais été prononcés, mais je l'ai entendu tomber de votre bouche, cette phrase, et vous me direz, Citoyens, si vous en connaissez de plus belles.

« Faites vite Monsieur Guernut, faites vite ! Faites que la réhabilitation vienne vite pour que, avant de mourir, je puisse enfin pleurer ».

Certes la réhabilitation officielle, la réhabilitation juridique, vous ne la tenez pas dans vos mains, vous

Aveu cynique, disons plutôt naïf. C'est le 28 septembre 1924 que vous le lâchez M. Guernut. Or c'est le 17 juillet 1920 que M. Faci m'a écrit la lettre ci-dessus.

C'est donc bien vous qu'il a vu à Paris.

Sans commentaires n'est-ce pas ?

Mais ! Cependant ! Eh bien... et le Père de Girodiaz ! ?

Pourquoi êtes vous donc si férocement brutal pour lui M. Guernut ?

Vous proclamez que « la 3° est passée à l'ennemi...» avec Girodiaz ipso facto...

Mais Chapelant, qui était le supérieur de Girodiaz, a suivi. C'est indiscutable ! Quel est le plus criminel des 2 ? Au point de vue militaire c'est Chapelant !

Alors ! Pourquoi donc M. Guernut cet excès de tendresse pour M. Chapelant et cet excès de férocité contre M. Girodiaz ?

Les mauvaises langues disent que c'est parce que M. Chapelant appartient à la Section Lyonnaise de la Ligue des Droits de l'Homme et est un des meilleurs Agents électoraux de M. Moutet, tandis que M. Girodiaz n'est qu'un simple et vulgaire citoyen.

Je ne puis croire choses pareilles. Alors ? ?

?

ne la tenez pas encore. Remarquez cependant le chemin parcouru.

En 1920, l'idée même d'une révision semblait chimérique, il fallait qu'uue loi nous en fournit les moyens ; le Parlement était hostile, nous avons vaincu son hostilité. Une loi a été votée. Ce fut alors le Gouvernement qui mit des entraves à son application : nous avons fléchi le Gouvernement. Le dossier fut transmis à la Cour d'Appel de Riom.

Rappelez-vous les lenteurs de la procédure, la mauvaise volonté du procureur, nos inquiétudes, nos démarches, notre obstination, notre victoire,

Après une enquête minutieuse qui est un monument de conscience, la cour, unanime, renvoyait le dossier avec des considérants décisifs qui dictaient, semble-t-il, à la Cour suprême, un arrêt de réformation.

Vous savez le reste et comment, à la Cour de cassation, il se trouva un homme — homme de proie — qui n'a jamais cru à l'innocence de personne, qui a fait envoyer au bagne Goldsky innocent, Landau innocent, Marcon, innocent ; qui avait rêvé d'envoyer au poteau de Vincennes Malvy et Caillaux innocents et qui mit tant de passion dans son réquisitoire qu'on eût dit qu'il

Conclusion inéluctable : le Parlement et le Gouvernement ne sont rien devant la Ligue des Droits de l'Homme qui est tout !

Diable ! ! Vous allez fort, M. Guernut.

Aveu naïf ou cynique : tout doit plier et plierait devant vous M. Guernut ! ?

Il ne fallait donc pas à ce moment proclamer l'innocence (inexistante) de Chapelant, mais simplement « réformer » le jugement de la Cour Martiale !! Ce nouvel aveu est intéressant surtout si on le rapproche de l'arrêt de la Cour de Cassation du 3 août 1923.

Mais alors Chapelant n'est devenu innocent que depuis ? ?

Vlan, ça y est. L'Avocat Général Mornet est aussi bien arrangé que moi, parce qu'il a osé ne pas « obtempérer » à M. Guernut.

M. Guernut vous allez réellement trop fort, croyez m'en, avec les Généraux et avec les Magistrats qui ne veulent pas être vos humbles domestiques.

Sommes nous en France et en République, ou sommes nous soit à Rome sous Néron, soit à Venise sous le Conseil des Dix, soit plutôt hélas ! à Carthage avant la dernière Guerre Punique.

voulait fusiller Chapelant une seconde fois. Sous l'influence de l'ancien capitaine Mornet, avocat Général, la Cour laissa les choses en l'état.

Cher Monsieur Chapelant, ne vous alarmez pas outre mesure. Dreyfus aussi a été condamné à Rennes une seconde fois ; le pharmacien Danval, condamné à mort pour meurtre de sa femme, innocent comme Dreyfus et comme Chapelant, a été deux fois débouté devant la Cour de Cassation.

Et c'est l'année dernière seulement, 25 ans après, que l'entêtement de la Ligue arrachait, d'un troisième arrêt, une solennelle réhabilitation.

Ajouterai-je ceci ? Nous sommes bien placés, nous autres, pour juger la justice des hommes. Nous savons bien qu'il lui arrive, par précipitation ou par peur, de rendre des sentences injustes, qu'elle maintient ensuite par esprit de corps ou amour propre.

Non, nous n'avons pas, nous autres, le fétichisme de la justice régulière. Et nous sommes obligés, quelquefois, de sortir un peu de la légalité pour trouver la justice.

A nos yeux, les jugements, les ordonnances, les arrêts, tout cela compte peu au regard de la sentence de quelques esprits droits qui pro-

?

Ce n'est pas l'esprit de justice, c'est l'entêtement !! ?

A force de vous encenser, vous allez vous casser l'encensoir sur le nez, M. Guernut.

L'aveu ne manque ni de charme, ni de piquant. Il existe déjà un mot français pour votre système, M. Guernut, c'est le mot « anarchie ».

Outrecuidance.

noncent en toute indépen-
dance.

Avant d'être réhabilités
par les juges Dreyfus et
Danval l'ont été dans nos
consciences. Et cela, peut-
être, suffisait.

Dans une courageuse cam-
pagne le *Progrès de Lyon* a
démontré l'innocence de votre fils ; il n'y a plus un
Lyonnais qui en doute.

Dans des brochures, dans
des tracts, dans des milliers
de conférences, la Ligue des
Droits de l'Homme de
France a proclamé la haute
dignité de votre famille ; il
n'y a plus d'hommes libres
qui en doutent.

Vous avez vu cette assem-
blée à qui j'ai imposé un rude
effort d'attention, lui disant
tout, toute l'accusation, sans
ménagement ni réserve ;
vous l'avez vue immobile,
tendue, émue, convaincue,
conquise.

Qu'il se lève celui qui
doute...

Monsieur Chapelant, vous
pouvez pleurer, la réhabilitation est faite.

?

Est-ce du courage ou est-ce de la lâcheté que d'attaquer quelqu'un, qui
comme moi, ne pouvait pas se défendre ?

Quel rapport ça a-t-il avec ce qu'a
fait Chapelant le 7 octobre 1914 ? Il y a
des familles, tout aussi honorables, qui
ont eu, parmi leurs membres, des es-
carpes ou des assassins.

! ?

C'est fait, je me suis levé.

Oran, 26 Février 1925.
L. DIDIER.

III. - PROJET DE DÉPOSITION
S'IL Y AVAIT EU RÉVISION PUBLIQUE.

Le 7 octobre 1914, à 11 heures 10 du matin, 27 hommes du 98e, dont 23 de la 3me Compagnie et 4 de la pièce de droite de la section de mitrailleuses du sous-lieutenant Chapelant, sont passés à l'ennemi avec cet officier.

Parmi les 23 hommes de la 3me Compagnie, il y avait : le sergent-major Girodiaz, le sergent Cahen (qui est revenu presque de suite dans nos lignes), le caporal Dufour, les soldats Cheminet, Charnet, Quereuil, Lacroix, Basset, Reynaud, le soldat Dossing (qui, lui aussi, est revenu presque de suite dans nos lignes).

Les 4 mitrailleurs étaient : le caporal Morton (devenu depuis sergent et qui est revenu tout de suite), le soldat Peillon (qui est revenu dans la nuit du 7 au 8), le soldat Monier et le soldat Bost (qui est revenu dans l'après-midi, vers 13 h. 1/2, je crois).

Dans ses déclarations du 9 octobre après midi à la Brigade, Chapelant parle de : « 2 hommes valides qui sont revenus dans nos lignes le 8 au matin et ne l'ont pas emporté ». Ces deux hommes ne se sont pas fait connaître.

L'homme de la 3e qui, d'après ces déclarations, l'a aidé à rejoindre nos lignes le 9 au matin, ne s'est pas fait connaître non plus.

Tant que les mots « Devoir » et « Patrie » ne seront pas rayés de la langue française, l'acte commis le 7 octobre 1914 à 11 h. 10 sera un crime.

Comment ce crime a-t-il pu être conçu ? Comment a-t-il été commis ? Je vais vous dire la vérité, toute la vérité et rien que la vérité.

Comment le crime a-t-il pu être conçu ?

Pour comprendre comment un pareil crime a pu être conçu, il faut placer, dans leur cadre de l'époque, les 3 acteurs principaux : le sergent-major Girodiaz, le sergent Cahen, le sous-lieutenant Chapelant.

Quand j'ai pris le commandement du 98me, le 29 août 1914, à 9 heures du matin, devant Saint-Maurice (en Lorraine), mon général de brigade Chandezon et mon général de division Deletoille m'ont dit, tous les deux, que c'était : « un régiment à reprendre complètement ». En outre, depuis notre arrivée à St-Maurice, le 27 août, des habitants étaient venus, plusieurs fois, se plaindre à moi (j'étais alors lieutenant-colonel au 16e) que des groupes de soldats du 98e, armés et constitués en « véritables bandes de brigands », terrorisaient les fermes et les maisons isolées, en arrière de la zone où tombaient les obus, pour s'y enivrer ou enfoncer les armoires et les commodes afin d'y prendre l'argent et les objets de valeur.

Tout cela était malheureusement vrai. En quelques jours d'observation attentive mon opinion était assise. Le quart du régiment, environ, était constitué par des braves gens et des bons Français, conscients de leurs devoirs de patriotes, et, par suite, de leurs devoirs militaires. Un quart, au moins, était composé de lâches ou de mauvais esprits, dont certains ont poussé le cynisme jusqu'à aller donner, d'eux-mêmes, en septembre, des ordres de retraite à des fractions tenant encore, en affirmant qu'ils venaient de ma part ! ! Cette idée de noyer leur propre lâcheté.... ou leur trahison.... dans une lâcheté d'ensemble, nous allons la retrouver, le 7 octobre après-midi, dans le geste du sergent Cahen, quand il est venu, de la part du capitaine Allemand, à qui il était allé se rendre, lui, me sommer de me rendre, à mon tour, avec tout le régiment.

Le reste du régiment, c'est-à-dire à peu près la moitié, était indécis et avait même plutôt une tendance à écouter les mauvais conseils.

Très bon avec ceux que je considérais comme bons et avec qui je causais comme avec des amis, j'ai été énergique et même dur (quand il le fallait dans l'intérêt général) avec les lâches et les mauvais esprits. J'ai cherché à mettre les indécis dans le bon chemin, par la manière douce d'abord, et, lorsqu'elle ne réussissait pas du tout, par la manière forte. Ce résultat a été, à peu près obtenu à partir de fin octobre 1914 ; les succès des 5, 7 et 8 octobre ont donné confiance en moi ; l'exécution de Chapelant le 11 a fait réfléchir les mauvais. Mais le 10 octobre encore, le colonel (aujourd'hui général de Division) Savy, commandant la Brigade Marocaine à ma droite, et le lieutenant-colonel Gerst, commandant le 355ᵉ à ma gauche, m'adressaient, par écrit, des plaintes contre des « isolés » ou des « maraudeurs » du 98ᵉ qui venaient se livrer dans leur secteur à des actes plus ou moins singuliers.

Quand j'ai quitté le 98ᵉ, le 7 juillet 1915, les idées de solidarité généreuse, d'altruisme, de dévoûment et d'abnégation à la France, de sacrifice des intérêts particuliers de chacun à l'intérêt général, c'est-à-dire au salut de la « Patrie en danger », idées que j'avais, avec acharnement, semées depuis 10 mois, ces idées avaient enfin germé et bien levé. Le 98ᵉ était un beau, brave et solide régiment, composé de vrais « poilus », c'est-à-dire de Français conscients, non seulement de leurs vrais droits, mais aussi de tous leurs devoirs.

On pouvait avoir confiance complète en lui. Il a fini la guerre avec la fourragère aux couleurs de la médaille militaire, de même que l'autre régiment, le 372ᵉ, que j'ai eu également l'honneur de commander et de façonner à mes idées en Orient.

Pardonnez-moi cette digression. Je reviens à septembre 1914.

Dans le 98ᵉ, une Compagnie, la 3ᵉ, se faisait remarquer par son mauvais esprit. Trois gradés de cette Compagnie, le sergent-major Girodiaz, le sergent Cahen et un autre sous-officier dont je n'ai pas pu retrouver le nom, contrecarraient sans cesse, plus ou moins ouvertement, les ordres de leurs chefs et semaient, ou aidaient à se développer, des idées malsaines qui démoralisaient presque tous leurs hommes. Le 14 septembre à 17 heures 55 (l'épisode est sur mon carnet de route) j'ai même été obligé de venir appuyer de mon autorité celle du chef de bataillon (commandant Varoux) et du commandant de compagnie (capitaine Rigault) et de menacer les 3 gradés en question de les casser, s'ils continuaient dans cette mauvaise voie.

Girodiaz, le sergent-major de la 3e, était lâche au point que j'ai failli lui brûler la cervelle au combat de Lassigny, le 22 septembre, à 17 heures (l'épisode est dans mon carnet de route). Très mauvais esprit, il excitait, en sourdine, les hommes sous ses ordres à ne pas faire leur devoir. J'ai toujours été et je suis toujours convaincu que c'est lui qui a été l'instigateur principal du crime du 7 octobre. Il a été tué, chez les quelques Boches auxquels il était allé se rendre, par les balles de la fraction de soutien qui a réoccupé, dès que j'ai connu son crime, la tranchée qu'il avait lâchement abandonnée.

Le sergent Cahen de la 3e, était, lui aussi, un mauvais esprit, ayant une influence néfaste sur ses hommes. Sournois et retors, il a été, je crois, un des instigateurs du crime, mais, se rendant compte, après coup, de la gravité de ce crime, il est revenu, vers midi et demie, dans nos lignes pour chercher à me faire capituler avec tout le régiment, espérant ainsi, sans doute, noyer le crime des 28 transfuges (en y comprenant le sous-lieutenant Chapelant) dans un crime de tout le 98e (l'épisode est dans mon carnet de route). Après l'exécution de Chapelant, il a tout mis, devant moi, sur le dos de celui-ci et de Girodiaz. Il m'a juré qu'il n'avait fait qu'exécuter leurs ordres et il m'a fait de tels serments de se racheter lui-même que je lui ai pardonné sa sommation de capitulation, c'est-à-dire que je n'ai pas demandé sa traduction particulière devant la Cour Martiale pour ce fait. Mon compte-rendu de ce pardon à la Brigade est du 11 octobre vers 18 heures, il figure dans le dossier que j'ai envoyé, le 7 janvier 1921, au Ministre de la Guerre.

D'après mes souvenirs, car je n'ai rien sur mon carnet de route et je n'ai pas eu en mains, depuis, de documents sur cette question, je crois qu'il a été acquitté, ainsi que Morton, Peillon, Bosl et Dossing (parce qu'ils étaient revenus dans nos lignes) par la Cour Martiale qui les a jugés quelques jours après, en jugeant en même temps, par contumace, les autres transfuges non revenus.

Le sous-lieutenant Chapelant était un joli garçon, à figure fine, mais au regard peu franc. Quand je cherchais à lire sa pensée dans ses yeux, il les baissait ou les vidait de toute expression. Il n'avait rien de ce qu'il fallait pour faire un chef; d'un tempérament indolent, d'un caractère fermé et énigmatique, sans énergie, il ne commandait pas ses hommes, il était conduit par eux. Avant le crime du 7 octobre, il avait

déjà en deux défaillances graves au point de vue courage et commandement ; l'une, le 9 septembre au matin, au début du combat de Xaffevillers,
l'autre, le 5 octobre, pendant le 1er combat des Loges. Les deux fois, je
l'avais fait venir et je lui avais pardonné ; la seconde fois, il m'avait
donné sa parole d'honneur que je n'aurais plus de reproches pareils à
lui adresser. Mais il s'était lié avec Girodiaz, dont il subissait l'influence
pernicieuse.

Le 6 Octobre, dans l'après-midi, en père de famille, je l'avais exhorté à rompre cette liaison mauvaise pour lui. Il ne l'a pas fait. Il a écouté
et suivi Girodiaz le 7 Octobre. Or Girodiaz n'était que sergent-major et
Chapelant était sous-lieutenant.

Le code militaire est impitoyable : il ne peut pas ne pas l'être dans
des cas pareils ; il y va du salut commun.

Au fond Chapelant était très « Sainte Nitouche » ; mes entrevues
avec lui, qui sont dans mon carnet de route, le démontrent. La seule
excuse qu'il m'ait jamais donnée de son passage à l'ennemi, c'est qu'« il
avait été entraîné par Girodiaz ». Il avait, à ce moment, très grande
confiance dans des appuis assez puissants pour empêcher son exécution, et il m'a menacé, avant cette exécution, de la vengeance de sa
famille contre moi si je le laissais fusiller. Tout ça, c'est dans mon
carnet de route. La campagne menée contre moi depuis plus de 7 ans
a confirmé l'existence des appuis puissants et l'essai de vengeance
contre moi.

Comment le crime a-t-il été commis ?

Les 3 acteurs principaux du drame sont placés dans leur cadre de
cette époque angoissante pour la France.

Comment ont-ils commis leur crime ?

Les documents officiels, retrouvés dans les archives du 98e depuis
la mise au net de mon carnet de route, me permettent de donner aujourd'hui les heures exactes de presque tous les faits de la journée du
7. Ils prouvent, en outre, que, ce jour là, mes *liaisons* (une des questions dont je me préoccupais sans cesse avec le *Ravitaillement en munitions, l'alimentation de mes hommes* et *l'entretien de leurs armes*) ont,
tout le temps, très bien fonctionné. Sauf pendant quelques courts mo-
ments (de 15 à 20 minutes au plus) pour quelques points de ma ligne
de défense, en particulier vers mon saillant Nord Est (qui n'a pas été
attaqué mais sérieusement bombardé) j'ai su, sans cesse, toute la journée, tout ce qui se passait sur mon front et j'ai tenu, de même, le colonel Pentel, commandant ma Brigade, au courant.

5 h. — A 5 heures, je rends compte à la Brigade que depuis 4 h. 45
mes tranchées sont violemment bombardées.

5 h. 30. — A 5 h. 30, je rends compte que, depuis 5 h. j'ai été attaqué, avec une véritable rage, et que tout le monde a tenu bon.

7 h. — A 7 h. le combat est terminé, ma manœuvre ayant réussi
comme le 5. J'en rends compte à la Brigade et lui demande des cava-

liers pour escorter 86 prisonniers qui sont déjà arrivés à mon Poste de combat.

10 h. 10. — A 10 h. 10, j'ai déjà envoyé à l'arrière 305 prisonniers.

Mais je n'ai plus devant moi des *Polonais* seulement, comme le 5 ; il y a avec eux une troupe d'élite, des Poméraniens. Ne se voyant pas poursuivis (tout mon monde a été engagé) des débris, qui ne se sont pas enfuis, des unités du 49e Poméranien (200 à 300 hommes en tout, au grand maximum) se sont cramponnés au terrain. A partir de 7 h. l'artillerie ennemie qui, au moment de la retraite éperdue de son infanterie, vers 6 h., avait cessé son tir, recommence à bombarder lentement mes tranchées, notamment mon saillant Nord-Est qui est un de mes points sensibles.

10 h. 15. — A 10 h. 15 je regagne notre maisonnette à l'entrée sud du village des Loges. Je m'assure que toutes les Liaisons sont partout bien établies. Je prescris le *Ravitaillement complet en munitions* partout où ce n'est pas déjà fait.

J'ouvre ici une parenthèse, car il y a des transfuges qui ont déclaré, pour excuser leur crime, qu'ils avaient manqué de munitions. Je vous affirme moi, que c'est faux, et que, au moment où ils sont passés à l'ennemi, ils avaient à leur disposition au moins 50 cartouches par homme. Depuis que j'étais au *bois des Loges*, c'est à dire depuis le 1er Octobre au soir, le ravitaillement en munitions se faisait automatiquement de la manière suivante. Les munitions étaient apportées aux tranchées, qui en demandaient, par des fractions constituées d'hommes prélevés sur ma réserve ; ces hommes ne devaient revenir à la réserve qu'avec l'autorisation du commandant de la tranchée qu'ils étaient allés ravitailler.

Une première voiture de munitions se trouvait à côté même de ma maisonnette, c'est à dire à 400 mètres à peine de mes tranchées du front Nord ; c'est d'elle que partaient les ravitailleurs. Dès qu'elle était vide, elle partait à la Poste (ou au Cessier) où était mon train de combat et était remplacée par une seconde voiture, placée à 500 mètres en arrière d'elle, à l'entrée Sud du Bois. Celle-ci était remplacée, à son tour, à l'entrée Sud du Bois, par une autre voiture pleine, poussée en avant, sur un coup de téléphone, par mon sergent-artificier *Courage*, qui était avec le train de combat.

Le 7 Octobre, à partir de 7 h. 1/2 du matin, les demandes de munitions affluent. Plusieurs voitures sont successivement vidées en utilisant tous les hommes qu'on peut ramasser pour porter les cartouches aux tranchées (hommes ayant accompagné les prisonniers jusqu'à mon poste de combat, fractions des réserves de bataillon, hommes de la compagnie Hors Rang). Un à coup se produit à un certain moment, vers 10 h. 15, d'après mes souvenirs qui le situent au moment où je suis arrivé à la maisonnette. Je n'ai plus de voiture pleine sous la main et je n'ai plus d'hommes pour porter des cartouches à quelques tranchées qui, bien que ravitaillées, m'en réclament encore « pour avoir leurs 120 cartouches par homme ». Je leur fais répondre que je les compléterai à ce chiffre dès que je le pourrai, que je ne le peux pas de suite, que ça ne tardera guère et que, en attendant, les hommes doivent, conformément au règlement, se servir aussi des cartouches des blessés et des morts.

Or, j'ai constaté, moi-même, le 11 après-midi, quand, par suite de l'entrée dans nos lignes d'un soit disant parlementaire, j'ai pu visiter en détail le champ de bataille du 7, que la tranchée abandonnée par Girodiaz et Chapelant contenait encore de nombreuses bandes garnies. J'en ai ramassé, moi-même, une 40ᵐᵉ (soit un millier de cartouches) avec mon sergent-major adjoint *Grosleron* qui m'accompagnait. J'ai constaté aussi, à ce moment, que les cadavres du 7, dans la tranchée ou sur ses parapets, avaient encore leurs cartouchières pleines, et que de nombreuses cartouches du combat du 7 étaient dans le fond de la tranchée ou dans les équipements jetés par les transfuges avant de passer à l'ennemi. J'ai dit à Grosleron : « Et bien, Peillon a eu un sacré culot quand il a raconté, avant hier matin, au général Demange qu'ils n'avaient presque plus de cartouches ; ils en avaient encore au moins 1500 ! ».

Si, dans leurs dépositions de 1919, le caporal transfuge Dufour et le mitrailleur transfuge Monier ont déclaré « qu'ils n'avaient plus de munitions », le soldat transfuge Lacroix a déclaré que : « ses camarades et lui n'en avaient plus ou presque plus », et le caporal mitrailleur Morton et le mitrailleur Peillon ont déclaré qu' « ils n'en avaient presque plus »…. Peillon a ajouté : « 150 cartouches environ ». Or les transfuges pouvant tirer étaient 25, puisque Chapelant était sous-lieutenant, Girodiaz sergent major et que Morton avait une balle dans une épaule : 150, divisé par 25, ça fait 6 cartouches par homme et non pas 2 comme le déclare le soldat Lacroix. Et si les 3 mitrailleurs valides n'avaient pas suivi, avec Chapelant, les transfuges de la 3ᵉ, ils auraient eu 150 divisé par 3, c'est à dire 50 cartouches par homme. Je ne fais ce calcul que pour montrer les contradictions graves, sur ce point, entre les transfuges. Mais je vous affirme, moi, qui l'ai vu et vérifié, que, s'ils avaient pris, comme le prescrit le règlement, les cartouches des blessés et des morts, les 25 transfuges seraient sûrement arrivés à avoir 1500 cartouches au moins, soit 60 cartouches au moins par homme. Il n'y avait pas besoin de tant de munitions pour venir à bout des quelques Boches qui se trouvaient devant eux. Ceux-ci auraient lâché pied et reculé, bien avant que toutes ces munitions aient été épuisées, comme ils l'ont fait devant d'autres tranchées, ainsi que je vais vous le raconter tout à l'heure.

De plus, même si les dires, faux, des transfuges ci-dessus avaient été exacts, le Devoir de Chapelant était de les empêcher, coûte que coûte, d'aller se rendre aux Boches. Voici les prescriptions sur les

« Devoirs au Combat » du Réglement d'Infanterie du 1er Février 1920, Réglement fait par des Officiers d'infanterie grâce auxquels la France a eu le dessus dans cette terrible guerre de plus de 4 ans. Ces prescriptions reproduisent, en les renforçant, les idées sur ce sujet de nos réglements en vigueur en 1914.

« Quels que soient les effectifs engagés, quelle que soit l'habileté des combinaisons du chef, il faut toujours, sur certains points, marcher coûte que coûte à l'ennemi et le chasser de sa position ou bien résister jusqu'au bout et se faire tuer sur place.

« Les Officiers et les sous-officiers ont le devoir de s'employer avec énergie au maintien de la discipline, et de retenir à leur place, *par tous les moyens,* les militaires sous leurs ordres ; au *besoin, ils forcent leur obéissance.*

« Il est interdit de mettre bas les armes sous prétexte qu'on est enveloppé. Des fractions de tout effectif, maitresses de leur feu, peuvent tenir isolément pendant plusieurs jours. *Les Munitions épuisées, on fait un dernier effort à la baïonnette.*

« Quiconque renonce à la lutte avant d'avoir épuisé tous les moyens dont il dispose mérite châtiment.

« Une troupe qui capitule en rase campagne est déshonorée : le chef est toujours responsable. En aucune circonstance, il n'est permis d'avoir avec l'ennemi quelque rapport que ce soit, toutes ses tentatives de conversation doivent être considérées comme des pièges et repoussées à coups de fusils ».

Je reviens à l'historique des faits du 7 Octobre.

A partir de 10 heures, poussant l'audace jusqu'au bout en voyant que, décidément, notre succès du matin n'était pas exploité, des petits groupes des 200 à 300 fantassins ennemis qui s'étaient cramponnés au terrain, et dont j'ai parlé tout à l'heure, cherchent à se rapprocher de mes tranchées en rampant. Ils parviennent ainsi, en certains points, devant mon front Nord et mon saillant N. E. jusqu'à une centaine de mètres de ma 1re ligne. Arrivés là, ils cherchent à s'inscruter dans le sol.

10 h. 30.—A 10 h. 30 je rends compte à la Brigade de cette situation, en la poussant même un peu au noir, pour obtenir rapidement les renforts que j'estime m'être devenus absolument nécessaires, car mes pertes avaient été assez lourdes, et de toute ma réserve, qui avait été engagée, j'arrivais, assez difficilement, à me reconstituer une petite Réserve d'une centaine d'hommes, une fois assuré l'échelonnement en profondeur dans les bataillons. Je n'ai reçu ces renforts qu'à 13 h. 45 (2 compagnies du 121e) et dans la nuit suivante (2 compagnies du 69e bataillon de chasseurs). En même temps que je rendais ainsi compte à la Brigade, j'envoyais, à mes tranchées intéressées, l'ordre de chasser ces Allemands à coups de fusil. Ils étaient, en effet, ou trop près de ma 1re ligne pour que mon artillerie pût leur tirer dessus sans danger pour les défenseurs de mes tranchées, ou trop peu nombreux et sur des emplacements trop insuffisamment précisés pour user sur eux, avec des chances suffisantes de succès, des projectiles dont mon artillerie commençait à être à court.

Sur tout le front mon ordre a été exécuté, sauf dans la tranchée Girodiaz, Chapelant. Partout ailleurs, les Allemands se sont enfuis, jusqu'à 300 mètres au moins, devant les coups de fusil de mes fantassins. Ils ne se sont pas enfuis devant la tranchée Girodiaz-Chapelant.

Pourquoi ? Parce que les hommes de Girodiaz et de Chapelant ne leur ont pas tiré dessus ; parce que, seule, la mitrailleuse (qui était avec ces hommes) a cherché à gêner les Allemands jusqu'au moment où une balle ennemie (ou un enrayage ?) l'a arrêtée et parce que, fait particulièrement grave, un drapeau blanc a été hissé hors de la tranchée Girodiaz (ce fait a été confirmé par la déposition du 16 Juin 1919 du caporal Dufour devant le commissaire de Police de Roanne). Puis, des hommes de cette tranchée et, peut-être, Girodiaz lui même, ont entamé des conversations avec des Boches parlant Français qui se trouvaient dans le petit groupe (une 50ᵐᵉ d'hommes au grand maximum) cherchant à s'incruster dans le sol à 80 mètres au moins devant eux.

Comment ce début du crime a-t-il pu se produire ? Parce que le capitaine Rigault, le seul officier restant de la 3ᵉ, avait été tué, vers 10 h. 1/2, d'une balle à la tête, en observant, par dessus la tranchée, cette tentative d'incrustation des Boches dans le sol, parce que le travail de destruction morale de Girodiaz et de Cahen avait produit ses effets dans les cerveaux et les cœurs de leurs hommes, parce que le sous-lieutenant Chapelant (qui était, désormais, le seul officier présent sur cette partie du front) est resté tapi dans le fond de la tranchée, écoutant, d'une part, les renseignements faux des papiers que faisait circuler Girodiaz et, d'autre part, les renseignements plus ou moins exacts que lui donnaient ceux de ses hommes qui, ayant un peu plus de cran que lui, regardaient, eux, par dessus la tranchée.

Dans une autre de mes tranchées (au N.E. du village) qui n'était plus, cependant, commandée, elle, que par un caporal, mais ce caporal était énergique, lui (je n'ai malheureusement pas pu retrouver son nom) quelques hommes ont aussi parlé d'aller se rendre pour les mêmes mauvaises raisons que celles données par les transfuges du 7 dans le but de chercher à excuser leur crime, mais le caporal a dit : « le 1ᵉʳ qui lève un drapeau blanc ou sort de la tranchée, je le brûle » et tous les défenseurs de cette tranchée ont continué à faire leur devoir.

Voilà la Vérité, toute nue, telle qu'elle m'a été racontée, le jour même à 11 h. 15, par l'homme qui est venu m'avertir du crime, telle qu'elle m'a été confirmée, vers 13 h. par la dispute du sergent Cahen et du soldat Dossing (l'épisode est dans mon carnet de route), telle qu'elle m'a été confirmée encore par des officiers, sous officiers et même soldats qui avaient tout vu, mais dont je n'ai malheureusement pas pu, depuis, d'une façon certaine, retrouver les noms, telle qu'elle ressort des aveux de Chapelant recueillis, par écrit, le 9 Octobre, dans l'après midi, à la Brigade et signés par lui, telle qu'elle ressort de son interrogatoire du 10 après midi devant la Cour Martiale, interrogatoire également signé par lui.

J'ouvre ici une parenthèse.

Le 9 Octobre, dans l'après midi, sur la demande du Général Demange, commandant la Division, et, par application de l'ordre du général Alix, commandant le Corps d'armée d'« éclaircir immédiatement l'incident auquel avait été mêlé Chapelant » et de « lui donner la sanction nécessaire », le Colonel Pentel, commandant la Brigade a fait recueillir, par son officier d'Etat-Major, le capitaine Grapin, les déclarations du sous-lieutenant Chapelant et m'a, aussitôt après, renvoyé celui-ci au Loges, avec cette feuille de déclarations signée par Chapelant et certifiée par lui « conforme à ses déclarations textuellement enregistrées ».

Dans ces déclarations Chapelant raconte en détail et, par suite, reconnait ses deux crimes successifs. Ce sont donc bien des aveux, puisque le mot aveu signifie « reconnaissance, verbale ou par écrit, d'avoir fait ou dit quelque chose ».

En outre, cette feuille de déclarations « éclaircissant l'incident », il ne restait plus qu'à exécuter la seconde partie de l'ordre du général Alix « lui donner la sanction nécessaire », c'est à dire faire passer « immédiatement » Chapelant en Cour Martiale, ainsi que le général Demange en avait donné, par écrit, l'ordre au Colonel Pentel.

Averti de cet ordre, par téléphone, vers 14 heures, j'avais fait toutes mes réserves sur son exécution pour les motifs ci-après :

1°) Pour le moment il n'y avait, sur les deux crimes commis, que des renseignements verbaux et des aveux verbaux que Chapelant m'avait faits à moi.

2°) Pour une affaire aussi grave où la vie de Chapelant était en jeu il ne fallait pas aller trop vite.

3°) Mes officiers et moi avions déjà bien assez à faire avec les Boches.

J'ai ajouté que j'estimais que l'affaire des transfuges du 7 était un bloc, qu'il fallait juger en bloc, loin des émotions de la bataille constante que nous soutenions contre les Boches, qu'il fallait, par suite, confier ce soin au moins au Conseil de Guerre de la Division, qui jugerait, en même temps, Chapelant, Cahen, Morton, Bost, Peillon, Dossing et, par contumace, les autres transfuges non revenus.

J'ai conclu en disant que, seule, cette solution permettrait de bien déterminer les responsabilités individuelles des coupables et que, à mon avis, ce n'était qu'après ce 1er jugement que Chapelant devrait être jugé, lui seul, pour son second crime.

Le colonel Pentel n'a rien voulu savoir, en se retranchant toujours derrière les ordres du général Demange.

Quoi qu'il en soit, j'appelle et j'appellerai *Aveux* les *Déclarations* de Chapelant du 9 Octobre après midi à la Brigade.

Je ferme cette parenthèse et je continue l'énumération des faits du 7 Octobre dans l'ordre chronologique.

11 h. 10. — A 11 h. 10 le crime s'accomplit : le sergent major Girodiaz et 22 de ses hommes sortent de leur tranchée, après avoir jeté leurs armes et leurs équipements, et vont se rendre à la 50ᵐᵉ de Boches qui étaient à 80 mètres, au moins, devant cette tranchée. Le sous-lieutenant Chapelant et ses 4 mitrailleurs jettent leurs armes à leur tour et les suivent.

11 h. 15. — A 11 h. 15, un homme, tout essoufflé, me rend compte de ce crime qu'il vient de voir, mais il exagère le nombre des transfuges, il m'affirme qu'ils sont une 50ᵐᵉ. Je l'interroge à fond. Des renseignements qui m'arrivent d'une Compagnie placée à droite de la 3ᵉ (la 2ᵉ) me confirment, hélas ! l'exactitude de ses dires.

Dans ses aveux précités du 9 Octobre après midi à la Brigade, Chapelant dit : « le sergent major Girodiaz transmet à nouveau que le village est occupé par les Allemands » (ce qui est archi-faux puisque sur le front Nord du village c'est-a-dire tout près d'eux, il y avait la 8ᵉ compagnie du 16ᵉ et 2 sections de ma 11ᵉ compagnie, commandées par le sous-lieutenant de réserve Mercier, sur lequel je reviendrai tout à l'heure) « et que le colonel Allemand demandait à voir le commandant de la tranchée » (ce qui prouve les conversations engagées avec les Boches ». Alors je lui ai dit : « Faites ce que vous devez faire » puis toute la compagnie partit dans les lignes allemandes. Mes hommes (mitrailleurs) m'ont dit : « La compagnie se rend » Alors j'ai dit : « suivons » Nous avons jeté nos armes...

Dans son interrogatoire, du 10 Octobre après midi, devant la Cour Martiale, interrogatoire également signé par lui et au sujet duquel le Rapport du Commissaire du Gouvernement dit • Chapelant reconnait les faits et appose sa signature sur la pièce rapportant l'interrogatoire », on lit : « Le sous-lieutenant Chapelant s'est rendu à l'ennemi, sans aucune pression de la part de celui-ci et seulement parce qu'il avait vu une 20ᵐᵉ d'hommes de la 3ᵉ compagnie qui agitaient des drapeaux blancs au milieu des lignes adverses ».

Les comptes rendus verbaux qui m'ont été faits, le 7 au soir et le 8 au matin, par les témoins oculaires dont j'ai parlé tout à l'heure, m'ont dit la même chose ; ils ne différaient que par le nombre des transfuges qui était toujours exagéré.

Dans sa déposition du 19 juin 1919 devant le Commissaire de police de Montbrison, le mitrailleur transfuge Monier (tout en déformant la vérité et employant des euphémismes, ce qui est naturel puisqu'il a participé au crime) reconnait le passage à l'ennemi de la section Girodiaz, suivie, presque aussitôt, par lui, par ses 3 camarades mitrailleurs et par le sous-lieutenant Chapelant.

Il en est de même du mitrailleur Peillon, dans sa déposition du 15 novembre 1919 devant le Rapporteur près le Conseil de guerre de la 13ᵉ Région : « Quand nous ne pûmes plus tirer (avec leur mitrailleuse, atteinte par une balle... ou enrayée) comprenant que la situation n'était plus possible » (je ne sais pas pourquoi puisque les tranchées voisines ont continué à faire leur devoir) « nous sortîmes de la tranchée, le lieutenant Chapelant en même temps que nous. Les hommes de la 3ᵉ compagnie avaient fait de même. »

Dans sa seconde déposition du 12 janvier 1920, devant le même Rapporteur, Peillon dit : « le sous-lieutenant Chapelant voyant sans doute qu'il n'y avait plus rien à faire et se sentant peut-être entouré, sortit de la tranchée avec mes camarades. Je le suivis ».

Dans sa déposition du 27 mai 1919, devant la gendarmerie d'Aigueperse, le caporal mitrailleur, (depuis sergent) Morton dit : « Quand j'ai eu fini mon pansement (il avait reçu une balle à l'épaule gauche) j'ai vu ma section qui était en avant de la tranchée, se dirigeant vers les Allemands. Je l'ai suivie un instant, mais voyant qu'elle tombait aux mains des Allemands, j'ai aussitôt fait demi tour et me suis dirigé vers le poste de secours qui se trouvait au château des Loges.

Enfin, de même que Girodiaz et les 22 hommes de la 3ᵉ compagnie passés avec lui à l'ennemi, ne constituaient pas toute la 3ᵉ (qui, après leur crime, comptait encore 80 hommes et 4 sergents), de même Chapelant et ses 4 mitrailleurs transfuges ne constituaient pas toute ma 3ᵉ section de mitrailleuses. Il y avait la pièce de gauche de cette section placée un peu plus à l'ouest, il y avait tous les autres mitrailleurs de cette section qui, eux, ont continué à faire leur devoir, malgré l'exemple indigne que leur avait donné leur chef de section, le sous-lieutenant Chapelant.

Parmi ces mitrailleurs il y avait le caporal Pelardy, et, je crois, les mitrailleurs Michaud, Morel, Sigot, Vandelin, Verrière. Plusieurs d'entre eux, dont le caporal Pelardy, chef de pièce, sont venus me trouver à ma maisonnette, le 7 octobre, vers midi 30, avant mon départ à la batterie Faure. Les larmes aux yeux, ils m'ont exprimé leur indignation de ce qu'avait fait leur chef le sous-lieutenant Chapelant et m'ont demandé ce qu'ils devaient faire eux-mêmes puisque les 2 pièces étaient abimées. Je les ai félicités de n'avoir pas suivi Chapelant et d'avoir continué eux, à faire leur devoir ; je leur ai serré la main et leur ai dit d'aller me chercher leurs mitrailleuses et de m'attendre, avec, à ma maisonnette, puis j'ai donné l'ordre de faire venir aussi à ma maisonnette le caporal armurier Boiteux (l'échelon était à 1500 mètres au moins en arrière).

Vers 17 h. 30, quand je suis rentré à ma maisonnette, ils m'attendaient tous avec les 2 pièces, et il y avait, en plus, le mitrailleur transfuge Bost, rentré dans nos lignes. Il m'a raconté, lui aussi, le passage à l'ennemi de Girodiaz et de Chapelant, exactement comme je viens de vous le raconter. J'ai donné l'ordre au caporal armurier Boiteux de faire tous ses efforts pour réparer les deux pièces le plus vite possible, puis j'ai donné le commandement de la section au caporal Pelardy. Comme un des soldats présents, Bost (je crois bien) disait : « Mais le lieutenant Chapelant pourra, peut-être, s'échapper et revenir aussi, ça n'est pas difficile, les Boches sont très peu nombreux et ne nous surveillent pas ». J'ai répondu : « Après tout ce que je sais déjà sur votre lieutenant Chapelant et que vous aussi m'avez raconté, il a eu plus qu'une défaillance en allant se rendre aux Boches. Il est chez eux, qu'il y reste ; je crois que cela vaudra mieux pour lui, en ce moment surtout, avec les ordres qui viennent d'arriver du Grand Q. G. pour réprimer les défaillances »... puis j'ai ajouté « d'ailleurs, je viens d'apprendre à l'instant qu'il est blessé et peut-être tué, car vos camarades d'une tranchée qu'il cherchait à faire rendre lui ont tiré dessus et l'ont vu tomber. »

Le crime me semble donc bien établi. — La section Girodiaz, suivie par le sous-lieutenant Chapelant et ses 4 mitrailleurs transfuges, a, sans aucun motif autre que la lâcheté, pour les uns, la démoralisation par les lâches, pour les autres, jeté ses armes et abandonné sa tranchée pour aller se rendre à une 50ne de Boches (au grand maximum) qui se trouvaient (je vous l'affirme, moi, car je l'ai vu et vérifié sur le terrain) à 80 mètres au moins devant cette tranchée. Avant de continuer, j'ajouterai, pour couper court à tous les racontars d' « encerclement de 3 côtés », que mes tranchées, sur cette partie du front, étaient le long du chemin allant de la sortie Nord du village des Loges, à la station des Loges, c'est-à-dire sur une ligne droite, et que les travaux qu'ont ébauchés, à ce moment, les quelques Boches qui cherchaient à s'incruster dans le sol devant mon front nord, étaient, eux-mêmes, sur une ligne droite, parallèle à la mienne. Je les ai vus et examinés sur place le 11 Octobre après midi. Une ligne droite ne peut pas être encerclée par une ligne droite parallèle à elle.

Une autre excuse, aussi mauvaise, invoquée par les transfuges, c'est qu'« *ils étaient isolés et pas soutenus* ». De pareils mensonges me feraient hausser les épaules, s'ils n'avaient pas été exploités contre moi. Moi qui suis breveté, qui suis entré dans un bon rang à l'Ecole de guerre et qui en suis sorti dans les premiers, je n'aurais pas échelonné mes forces en profondeur ! ?

Sur les 400 mètres qui me séparaient de la tranchée des transfuges, il y avait, à une 60ne de mètres derrière elle, une autre ligne de tranchées finies et occupées, puis une autre ligne de tranchées (en construction) pour les soutiens qui étayaient, des 2 côtés, la barricade du milieu du village, puis la Réserve du Bataillon, puis une partie de ma Réserve (placée en rassemblement articulé jusque près de la batterie Faure). A droite des transfuges, tout près d'eux, presque sur la même ligne qu'eux, il y avait, défendant l'entrée Nord du village des Loges, le sous-lieutenant de réserve Mercier avec 2 sections de ma 11e compagnie et la 8e compagnie du 16e. Le lieutenant Mercier a vu le crime ; il a même tiré sur un des transfuges qui « invitait à se rendre les soldats de la 3e restés dans leur tranchée ». Si ce traître n'a pas été tué à ce moment là ou n'est pas mort depuis, il doit être parmi les témoins à décharge de Chapelant, comme celui qui a levé le drapeau blanc hors de la tranchée lâchement abandonnée.

Je reprends l'historique des faits du 7 Octobre.

A 11 h. 15, au moment où j'apprends le crime, le commandant du 1er Bataillon (le capitaine Herail) était près de moi. Nous causions de la mort du capitaine Rigault (l'épisode est sur mon carnet de route). Je lui donne les ordres nécessaires pour boucher, de suite, le trou dangereux produit ainsi dans ma ligne; je mets, en outre, à sa disposition la petite Réserve que j'avais pu me reconstituer. Il part en courant. Mes ordres ont été bien exécutés et rapidement exécutés puisque de la déposition du 19 juin 1919, du mitrailleur transfuge Monier (qui confirme l'enquête faite à l'époque) il ressort que quelques transfuges dont le sergent-major Girodiaz, ont été tués, encore au milieu des Boches auxquels ils étaient allés se rendre, par les balles des « Poilus » qui ont réoccupé la tranchée lâchement abandonnée.

11 h. 25. — A 11 h. 25 je rends compte du crime, ainsi qu'il suit, au colonel Pentel, commandant la Brigade : « Une 50ne d'hommes de la 3e compagnie dont le capitaine a été blessé mortellement ce matin, viennent de jeter leurs fusils et équipements et d'aller se rendre aux Allemands. Je suis désespéré ; c'est la défense Nord du village des Loges compromise ; je viens d'envoyer de ce côté les derniers éléments de la Brigade qui me restaient. Je ne puis plus répondre de rien si vous ne m'envoyez pas des troupes fraîches, car ces lâches vont renseigner les Allemands sur notre petit nombre et sur notre état de fatigue ».

Midi. — A midi, le Colonel Pentel me répond : « Le Général de Division m'envoie de la Poste 2 compagnies du 121e que je vais faire diriger, de suite, sur les Loges comme nouvelle Réserve de Brigade ; vous pouvez en disposer pour remplacer ou renforcer sur le front les unités qui vous paraîtront trop affaiblies ou déprimées. Il serait très désirable que vous puissiez faire quelques exemples de répression impitoyable à l'égard des lâches. »

De 13 h. 25 à 13 h. 45. — Ainsi que je vous l'ai déjà dit, ces 2 compagnies me sont arrivées à 13 h, 45. Elles sont apparues, sur la crête du Plessier, en colonne double largement ouverte, vers 13 h. 25, un quart d'heure environ après la fin de l'incident Cahen, Dossing. Elles ont dévalé, à toute allure, la pente descendant vers moi. Les marmites n'ont commencé à tomber sur leur trajet que lorsque leurs derniers éléments entraient dans mon Bois des Loges. Je les laisse souffler un peu, puis je dirige un peloton, sous le commandement du lieutenant Fervel, sur l'entrée sud du village des Loges, en étai de mon front

Nord. Je place, en Réserve, la compagnie et demie restante près de la batterie Faure.

14 h. — A 14 heures j'envoie le compte-rendu ci-après à la Brigade : « Je reçois votre note de 13 heures » (elle concernait l'organisation des lignes de défense successives, et, en particulier, d'une ligne intermédiaire). « Depuis que je suis ici, j'ai fait organiser mon secteur, aussi méthodiquement et solidement qu'il m'était possible, par une série de tranchées successives en arrière, mais, comme Réserve partielle, je n'ai plus qu'une compagnie et demie sur les deux du 121°, que vous venez de m'envoyer. La compagnie du Génie pourrait travailler à l'aménagement de cette ligne intermédiaire, à condition qu'elle l'organise en échappant aux vues des aéroplanes ennemis qui ne cessent, depuis 2 heures, de rôder au dessus de nous ».

Pas besoin n'est-ce pas ? d'insister sur cette indiscrétion des avions boches, et sur le marmitage, le 7 après-midi, des alentours immédiats de mon Poste de Combat... Les renseignements donnés aux Boches, par les transfuges, en étaient certainement la cause.

En outre, vers 13 heures, c'est-à-dire trois quarts d'heure avant l'arrivée des 2 compagnies du 121°, le sergent Cahen était venu, de la part de l'officier Allemand (un capitaine) commandant les quelques Boches auxquels il était allé se rendre à 11 h. 10, me sommer de capituler avec tout le régiment. Je n'ai pas besoin de vous dire comment j'ai accueilli cette sommation. J'ai fait mon petit Cambronne. L'épisode est dans mon carnet de route.

17 h. 30. — Vers 17 h. 30 en rentrant à notre maisonnette, j'apprends le second crime de Chapelant et sa chute sous une balle Française.

Le capitaine (aujourd'hui commandant) Hérail, à qui j'ai communiqué mon carnet de route mis au net, n'a pas été aussi affirmatif que mes notes de l'époque au sujet de celui qui m'avait ainsi averti. C'est son nom à lui qui figurait sur mes notes de l'époque, mais il me semble me souvenir qu'il y avait avec lui, à ce moment, m'attendant également, quelques officiers, dont le commandant Gaube et le capitaine Raoux. Si ce n'est pas le capitaine Hérail qui m'a annoncé le second crime de Chapelant, c'est un des autres officiers présents et le capitaine Hérail a alors ajouté ce qu'il m'a écrit dans sa lettre du 5 Mai 1921, c'est à dire que : « après avoir bouché le trou et établi, conformément à mon ordre, son P. C. un peu en arrière, sur un chemin allant du village au passage à niveau, il avait entendu cet appel qui avait longtemps résonné à ses oreilles : « Français ne tirez pas ! Français ne tirez pas ! » mais que nos poilus, pour toute réponse, avaient simplement exécuté mes ordres et tiré sur tout ce qui se montrait du côté Allemand. « Mais je me souviens que c'est à ce moment là que, par un ou plusieurs des officiers présents, j'ai appris le second crime de Chapelant et sa chute sous une balle française et que j'ai dit : « ce qui pourrait lui arriver de plus heureux pour sa famille et pour lui, c'est qu'il ait été tué ».

Avant d'étudier ces nouveaux faits douloureux, je crois devoir vous citer le compte rendu que j'ai envoyé à la Brigade le 8 Octobre à 9 h. 30 du matin, lorsque l'enquête que j'avais commencée moi-même et fait commencer par le capitaine Hérail m'a donné des précisions et des certitudes : « le sergent major Girodiaz de la 3ᵉ compagnie, par des exhortations écrites et verbales, a entraîné 25 hommes de la 3° compagnie à se rendre à l'ennemi. D'après les dires des 3 hommes qui ont pu s'échapper des lignes allemandes, ce sous officier aurait été tué hier par des balles Françaises. (Évènement survenu le 7 Octobre à 11 heures). »

C'est volontairement que, dans ce compte-rendu, je n'ai pas parlé de Chapelant. Tous les témoignages verbaux recueillis jusque là étaient unanimes : c'était Girodiaz qui avait été l'instigateur du crime et Chapelant l'avait suivi. Je ne voulais pas, avant d'en être absolument sûr, signaler une pareille défaillance : un sous lieutenant obéissant à un sergent major pour passer à l'ennemi. J'espérais, en outre, que Chapelant avait été tué, la veille après-midi, par les balles des Poilus qui avaient répondu à coups de fusil à ses propositions de défection, ce qui aurait, peut-être, permis d'éviter la honte d'un crime aussi monstrueux, à sa mémoire, à sa famille, au drapeau du 98°.

Vous comprenez maintenant pourquoi le Général Alix, dans sa décision du 9 Octobre, prescrit d' « élucider immédiatement l'incident auquel il a été mêlé.

Le second crime du sous-lieutenant Chapelant — Sa blessure

Je passe au second crime de Chapelant et à sa blessure.

Le sous lieutenant Chapelant a, sans faire de difficultés, accepté du capitaine Allemand dont j'ai parlé tout à l'heure (à propos de la sommation de capitulation apportée par le sergent Cahen) d'agiter un mouchoir blanc devant une tranchée française qui tenait bon, afin de faire rendre, à leur tour, les braves gens qui la défendaient. Ceux-ci lui ont répondu en lui tirant dessus. Il est tombé, une balle lui ayant traversé une jambe près et au dessus du genou.

J'approuve sans réserve et j'admire même cette réponse qui était, il est vrai, l'exécution de mes ordres. Mais je trouve le second crime du sous-lieutenant Chapelant encore plus monstrueux que le premier, pour lequel, il y avait, peut-être, une circonstance atténuante que Chapelant a, d'ailleurs, invoquée devant la Cour Martiale, d'après le rapport du commissaire-rapporteur : « l'influence de Girodiaz et son état de dépression à lui Chapelant à ce moment ». Cette circonstance atténuante n'existait plus pour son second crime. Il a, en effet commis ce crime 2 heures 1/2 après son passage à l'ennemi ; Girodiaz avait été tué, vers 11 h. 45, dès la réoccupation de la tranchée lâchement abandonnée ; et ne pouvait plus, par suite, avoir aucune action sur lui, et lui-même Chapelant avait eu largement le temps de se resaisir.

Il ne m'a pas été possible de déterminer l'heure de ce second crime avec une exactitude absolue, mais j'ai pu la fixer avec une exactitude très approchée.

D'après mes souvenirs, qui sont très précis à ce sujet, l'enquête faite le 7 octobre après-midi et continuée pendant la nuit et le 8 au matin, avait situé le second crime de Chapelant 30 à 35 minutes après l'envoi, sur mon ordre, des obus dans le petit groupe de Boches auxquels étaient allés se rendre les transfuges, c'est-à-dire vers 13 h. 45.

D'après cette enquête, en recevant, vers 11 h. 45, la volée de balles de mes Poilus qui venaient de réoccuper la tranchée lâchement abandonnée (balles qui ont tué des transfuges, dont Girodiaz, au milieu des quelques Boches auxquels ils étaient allés de rendre), ces Boches ont reculé d'une 100ᵉ de mètres, avec les transfuges restants, de manière à se masquer complètement derrière le pli de terrain qui les séparait des « Vrais Poilus » (cette fois) ayant réoccupé la tranchée.

Au bout d'un certain temps, une demi-heure environ, la plupart de ces Boches sont revenus en rampant jusque sur le haut de ce pli de terrain, pour chercher à continuer leur travaux ébauchés à cet endroit. Il en est résulté une fusillade intermittente entre eux et les nouveaux défenseurs de la tranchée lâchement abandonnée à 11 h. 10.

Entre 13 h. 10 et 13 h. 15, les 4 obus du *Tigre* (surnom donné par mes fantassins à la pièce qui a tiré sur ces Boches) les ont fait s'enfuir définitivement jusqu'à Rue de l'Abbaye.

Mais leur fameux capitaine a cherché alors à tâter mon front Nord un peu plus à l'ouest, vers la voie ferrée où était ma jonction avec le 355ᵉ. 25 à 30 minutes après l'arrivée à bonne destination des obus du Tigre, 3 ou 4 Boches particulièrement entêtés et perfides (puisqu'ils se faisaient précéder par 2 transfuges agitant des drapeaux ou mouchoirs blancs) sont arrivés ainsi jusqu'à 150 mètres environ de ma tranchée de gauche. Quelques minutes après Chapelant est venu rejoindre les 2 transfuges et agiter, à son tour, un mouchoir blanc sur le talus de la voie ferrée, en criant aux hommes de cette tranchée : « de ne pas tirer » et de « venir se rendre aussi ».

Mais ceux-ci, pour toute réponse, lui ont tiré dessus et il est tombé. Voilà les résultats de l'enquête faite le 7 octobre au soir, et continuée pendant la nuit et le 8 au matin.

Le second crime de Chapelant aurait donc été commis vers 13 h. 45.

Les dépositions des transfuges en 1919 ne permettent pas de préciser plus exactement l'heure du crime. Elles placent bien les faits dans leur ordre chronologique, mais elles ne donnent pas les durées de ces divers faits ou les heures de leur exécution. Seuls le caporal Dufour et le soldat transfuge Lacroix donnent une indication de temps ; ils placent le second crime de Chapelant une heure et demie environ après le premier. Comme celui-ci a été commis à 11 h. 10, le second aurait été perpétré vers midi 40.

Il y a une différence de une heure avec l'heure résultant de l'enquête de l'époque.

Mais il convient de remarquer que toutes les heures indiquées par ces 2 transfuges sont d'une concordance telle qu'elle donne lieu de penser qu'ils se sont concertés pour les indiquer, d'autant plus que celles du début de l'attaque (2 ou 3 heures du matin au lieu de 5 h.) et de leur passage à l'ennemi (9 h. 1/2 au lieu de 11 h.) sont indiscutablement fausses.

En définitive, leur indication confirme, à 1 heure près, les résultats de l'enquête de l'époque et j'estime, étant données leurs erreurs d'heures que je viens de vous signaler, que ce sont les résultats de l'enquête de l'époque qui doivent être conservés.

Des aveux du 9 octobre après-midi de Chapelant à la Brigade, il ressort d'ailleurs que son second crime a été commis après le départ du sergent Cahen des lignes allemandes. Or c'est vers 13 heures que celui-ci m'a rejoint à mon poste de combat. Il m'a laissé comprendre qu'il avait sur le trajet (900 mètres à parcourir) causé avec des hommes qui l'avaient envoyé promener quand il leur avait parlé d'aller se rendre aux Boches et qu'il était allé ensuite à ma maisonnette. Le sergent Cahen est donc parti des lignes allemandes vers midi et demie ; le soldat Dossing en est parti vers la même heure, peut-être un peu avant. Tous deux ignoraient la chute de Chapelant. Cahen m'a bien raconté que, quelques minutes avant son départ, Chapelant (« qui s'était tenu jusque là couché en arrière des autres transfuges ») avait causé avec le Capitaine allemand et cherché à faire rendre à leur tour les nouveaux défenseurs de la tranchée abandonnée à 11 h. 10, mais que ceux-ci n'avaient rien voulu savoir. Or ce n'est pas devant cette tranchée mais devant une autre située à 200 mètres plus à l'ouest, que Chapelant a été abattu.

Enfin, d'après mes souvenirs, le mitrailleur transfuge Bost, revenu dans nos lignes le 7 octobre vers 13 h. 1/2, ignorait, à ce moment, la chute de Chapelant et c'est moi qui la lui ai apprise vers 17 h. 30.

De tous ces faits on peut conclure que c'est bien vers 13 h. 45 que Chapelant a commis son second crime, c'est-à-dire 2 heures 1/2 après le premier. Il avait bien eu, largement, le temps de se ressaisir ; une demie heure au plus suffit pour ça chez des hommes ayant perdu la tête, à condition qu'ils ne soient pas des lâches accomplis ou des traîtres.

Ce second crime, Chapelant le raconte ainsi qu'il suit dans ses aveux du 9 octobre à la Brigade :

« A gauche de la voie ferrée et à 300 mètres se trouvait une autre tranchée française occupée par une dizaine d'hommes ; il « (le Capitaine allemand) » fit sortir deux d'entre nous pour leur faire signe de se rendre. Comme ils ne bougeaient pas, il appela le lieutenant ; je me présentai. Il me dit d'aller vers les deux hommes et d'agiter le mouchoir, ce que je fis. A ce moment là je fus blessé ».

Dans son interrogatoire du 10 octobre après midi devant la Cour Martiale, on lit que, après son passage aux Allemands : « sans aucune menace de la part de l'ennemi, il n'a pas hésité à exhorter des soldats français, restés fidèles au poste, à se rendre ».

Avec des différences de distance (40 à 50 mètres, au lieu des 300 indiqués par Chapelant, et qui sont exagérés car il n'y avait qu'un peu plus de 200 mètres) les transfuges Dufour et Lacroix, dans leurs dépositions du 16 juin 1919, mentionnent le fait de l'envoi de Chapelant, vers la voie ferrée, sur l'ordre d'un officier allemand, et de l'exécution de cet ordre par Chapelant.

Dans sa déposition du 19 Juin 1919, le mitrailleur transfuge Monier est plus explicite : « le lieutenant Chapelant a été détaché à 30 mètres de nous environ ; les Allemands lui ont commandé de lever et agiter son mouchoir pour faire signe aux Français venus en renfort de se rendre ; le lieutenant l'a fait et, au cours de ce geste, il a été blessé par une balle, Française ou Allemande, je l'ignore ; je l'ai vu tomber et n'ai plus rien su de lui ».

Il me semble que ça suffit amplement pour prouver le second crime de Chapelant, crime qui m'avait, d'ailleurs été confirmé, le 7 Octobre au soir et le 8 au matin, par des témoins oculaires dont je n'ai malheureusement pas pris les noms à ce moment tragique, au milieu des occupations et préoccupations multiples et graves que me causait la défense de mon secteur ; je n'ai pu retrouver ces noms depuis.

Quant à la balle qui l'a abattu, pour moi c'est bien une balle française.

Après son retour dans mes lignes, le 9 Octobre au matin, quand il a été pansé, j'ai voulu en avoir la certitude. J'ai demandé aux médecins qui l'avaient soigné (médecin aide major de réserve Percheron, je crois, et son médecin auxiliaire Bennejeant).

« A-t-il été blessé par une balle Française, oui ou non ? »

Ils m'ont répondu : « il nous est impossible de vous répondre catégoriquement puisque la balle n'est pas restée dans la plaie ».

Je leur ai dit : « Mais la forme de la blessure ne vous a rien dit, les blessures de nos balles et celles des balles Allemandes présentent des différences ».

Ils m'ont répondu : « C'est vrai, la blessure semblerait provenir plutôt d'une balle française, mais nous ne pouvons rien affirmer ».

Je leur ai demandé : • Mais de quel côté était le trou d'entrée, sur le devant ou sur le derrière de la jambe ? ».

Ils m'ont répondu : « sur le devant ».

Alors j'ai conclu tout naturellement en disant : « Comme Chapelant a été blessé au moment où il faisait face à nos tranchées, c'est bien une balle Française qui l'a atteint ».

2ᵐᵉ PARTIE DE MON PROJET DE DÉPOSITION.

(à ne dire qu'en cas de nécessité).

La mise en jugement. — La Cour Martiale.

Le 8 Octobre, à 15 h. 30, je reçois une note du Colonel Pentel me disant : « le Général » (de Division) désire connaître les noms de tous les transfuges et vous prie de vouloir bien établir une plainte en conseil de guerre pour tous ces gens là qui seront jugés comme coutumaces ».

Mais, le 9 au matin, le sous-lieutenant Chapelant que le capitaine Allemand a refusé de faire soigner et qui vient d'être découvert, par un capitaine du 69ᵉ Bataillon de Chasseurs, devant une de mes tranchées près de laquelle il avait pu se traîner, est rapporté à mon poste de secours par mes brancardiers.

Je rends compte de son retour à la Brigade et, à partir de ce moment, en plus de ma lutte incessante contre les Boches, je soutiens une lutte contre le colonel Pentel au sujet de la manière dont devra être jugé Chapelant.

Dans un moment d'agacement, excusable, il me semble, moi qui avait été au premier cabinet Berteaux qui a suivi l'affaire Dreyfus, j'ai laissé échapper, devant des officiers, ces mots, qui ont été colportés, et, par suite, déformés : « Pourvu qu'avec cette manière de faire précipitée qu'on m'impose, on n'aille pas, comme dans l'affaire Dreyfus, amener plus tard une tentative de révision retentissante ! » Je ne me suis, hélas ! pas trompé dans mon pronostic... mais c'est moi qui, depuis 7 ans, suis plus qu'abreuvé de mensonges, de calomnies, de diffamations puériles ou odieuses.

Quoi qu'il en soit, persuadé que Chapelant, qui est blessé, ne sera jugé qu'après sa guérison, je l'évacue à l'arrière... son billet médical suit la filière normale et va ainsi jusqu'à Roanne. Mais pendant que ce billet s'en va ainsi à Roanne, j'ai reçu l'ordre de traduire Chapelant, seul, de suite, devant la Cour Martiale. Il faut, comme conséquence, refaire la plainte primitive qui m'est renvoyée. Pour le Rapport, base de la plainte, qui, comme je l'ai vu, dans toute ma carrière jusqu'à ce moment, peut-être fait par le commandant de la compagnie, délégué par le chef de corps, dans des circonstances particulières comme celles d'octobre 1914 (manque d'officiers supérieurs), et que la Brigade tient à voir fait ainsi, des difficultés particulières se présentent : parce que les sections de mitrailleuses ne sont pas en compagnie, parce que la 3ᵉ compagnie (avec laquelle combattait la section de mitrailleuses de Chapelant) n'est plus commandée que par un sergent et qu'un sergent ne peut pas établir un Rapport base d'une plainte en Conseil de guerre contre un sous-lieutenant, parce qu'on ne veut pas à la Brigade de ma proposition que ce soit le commandant du Bataillon (capitaine Hérail) qui établisse ce rapport, parce que l'officier que je mets alors à la tête de la 3ᵉ (sous-lieutenant de réserve Collinet ou Colinot, je ne me rappelle plus lequel des deux, car ils sont arrivés presque en même temps) vient d'arriver, ne connait que vaguement les faits et n'a ni le temps, ni les moyens de se renseigner auprès de ceux (officiers ou hommes de troupe) de la compagnie ou des compagnies voisines qui, eux, ont vu. D'autre part, je n'ai plus qu'un seul officier supérieur, le commandant Gaube, qui est, comme moi, très absorbé par la lutte contre les Boches.

Et la Brigade me presse, me talonne. Il faut un exemple (réponse précitée du 7 à midi du colonel Pentel, ordre du 9 à 13 h. 15 du général Demange au colonel Pentel, lettre du 9 à 14 h. 15 du général Demange au général Alix, commandant le 13ᵉ Corps d'Armée) : il faut faire passer « immédiatement » en cour Martiale Chapelant, qu'on me renvoie le 9, à 17 h. 20, avec ses aveux recueillis par écrit à la Brigade et signés par lui.

Je continue à résister pied à pied. Je cause moi-même, par téléphone, le 9 à 18 heures, avec le colonel Pentel ; j'insiste encore pour que Chapelant passe devant le Conseil de guerre de la Division ; j'échoue (l'incident est dans mon carnet de route).

Avant de constituer la Cour Martiale, les noms des juges, du rapporteur, du greffier, du défenseur et tous les renseignements les concernant, sont soumis, par téléphone, à la Brigade, en accord complet avec laquelle la composition définitive de ce Tribunal d'exception est arrêtée.

Et le 10, pendant la matinée, c'est l'instruction dont je ne me mêle en rien, et le soir, de 14 h. à 17 h., pendant 3 heures par conséquent, c'est la Cour Martiale dans laquelle je n'ai pas mis les pieds et que j'ai même laissé tellement libre de juger selon sa conscience que, à l'unanimité, elle a condamné Chapelant à mort pour capitulation en rase campagne, alors que la plainte avait été établie pour désertion à l'ennemi et excitation à la désertion. Je fais demander à la Brigade s'il n'y a pas là un motif de Cassation ou de Révision du jugement ; la réponse est que les jugements des Cours Martiales sont sans recours et ne peuvent être ni cassés ni révisés.

Bien que les prescriptions en vigueur soient formelles et que Chapelant doive être fusillé dès le jugement rendu, je le renvoie à l'arrière en disant que j'estime, moi, ne pas devoir, ni par suite, pouvoir faire fusiller un blessé, surtout un blessé ne pouvant pas se tenir debout. Et le 11, à 2 heures du matin, je reçois, avec des observations du général Alix, l'ordre de le faire fusiller au lever du jour et l'avis qu'il m'est renvoyé dans ce but.

Tout les détails sont dans mon carnet de route. Vous me permettrez de ne pas insister. « Grandeur et Servitude Militaires ».

J'ai obéi, mais avec répugnance et parce que je ne pouvais pas, surtout dans les circonstances tragiques de cette époque, donner, moi même, un exemple d'indiscipline à mon régiment qui avait encore, alors, beaucoup trop de tendances à l'indiscipline.

L'Exécution.

Le sous-lieutenant Chapelant est arrivé au poste de secours du 98ᵉ, installé dans une remise, à 20 mètres de ma maisonnette, le 11

au matin, aussitôt après mon envoi, à la Brigade, du drapeau du 49ᵐᵉ
Poménanien. Or cet envoi a été fait à 7 h. 45 (heure de mon compte-
rendu officiel retrouvé dans les archives du régiment).

Chapelant est donc arrivé vers 8 heures, je n'ai pas pris l'heure
exacte sur mon carnet de route et personne n'a pu me la donner depuis. Il a été exécuté à 9 h. 40. Il est mort bravement. Pas plus au
moment de sa mort que depuis son retour le 9, il n'a parlé de son
« innocence » et jamais, à cette époque, je n'ai entendu prononcer ce
mot à son sujet.

Quand son ami, le sergent-major Grosleron, lui a bandé les yeux, il
a dit : « Au revoir, mes amis, ne faites pas comme moi ».

En revenant, écœuré du spectacle ignoble que m'avaient donné
beaucoup trop d'hommes qui avaient abandonné leurs tranchées
pour « venir voir l'exécution » et faire, à haute voix, l'apologie des
deux crimes commis par Chapelant (l'épisode est dans mon carnet de route), j'ai dit à des officiers : «Cette scène honteuse ne se serait
pas produite si je l'avais fait fusiller ce matin, au lever même du
jour ». Ce propos aussi a été colporté et, bien entendu, dénaturé.

Résumé.

Je me résume :

Le sous-lieutenant Chapelant a, indiscutablement, commis, le 7 Octobre 1914, 2 actes qualifiés crimes.

Le premier à 11 h. 10 en suivant, avec ses 4 mitrailleurs près de lui,
le sergent major Girodiaz et des hommes de la 3ᵉ compagnie (placé
sous son commandement par la mort du capitaine Rigault) pour sortir
de sa tranchée et aller se rendre, sans aucun motif plausible, à un
petit groupe d'une cinquantaine d'Allemands, au maximum, qui se
trouvaient à 80 mètres au moins devant sa tranchée.

Le second, vers 13 h. 45 en acceptant, sans difficulté, d'un officier
Allemand, la mission d'aller inciter les défenseurs d'une autre tranchée à passer aussi à l'ennemi.

Des erreurs de forme ont pu être commises dans la composition de
la Cour Martiale, dans le libellé de la condamnation à mort prononcée par elle, dans la date d'établissement de certaines pièces de procédure, que sais-je encore ! Elles ne changent pas le fond, c'est à dire
les deux crimes successifs de Chapelant.

Les officiers du 98ᵉ et moi, nous n'étions ni des juristes ni des
jurisconsultes ; nous étions des soldats de France qui remplissions le
mieux possible notre devoir de soldats et de patriotes à cette époque
tragique pour notre Patrie ; ce devoir d'ailleurs suffisait alors, à lui
seul, à absorber toutes nos facultés.

Mais il y avait, à la Division, un organe de justice militaire comprenant des Jurisconsultes. Pourquoi n'a-t-il pas empêché ou relevé les
erreurs de forme dont je viens de vous parler ?

Conclusion.

Depuis plus de 7 ans, pour avoir fait mon devoir le 7 octobre 1914
(en rendant compte du passage à l'ennemi d'une de mes fractions oc-
cupant un point important de ma ligne de défense) et avoir exécuté,

les jours suivants, les ordres impératifs de mes supérieurs, j'ai été plus qu'abreuvé de mensonges, de calomnies, de diffamations, par des journaux, qui ne se seraient pas comportés autrement s'ils avaient été payés par Berlin ou Moscou.

Quand j'ai voulu traduire en Cour d'Assises celui qui m'attaquait à Oran, c'est-à-dire au siège même de mon commandement, *La Lutte Sociale* (ce titre vous renseigne) il s'est dérobé et m'a fait des excuses.

Ce côté de la question me semble avoir une certaine valeur aussi.

Je vous ai dit la vérité, toute la vérité, rien que la vérité.

Parmi les témoins à décharge que vous allez entendre, vous aurez des transfuges du 7 octobre 1914, vous aurez des individualités qui ont cherché à se venger de moi, parce que leur manque de courage, ou leur mauvais esprit, m'a obligé à leur rappeler leur devoir plus ou moins sévèrement.

Mais, quoi qu'ils fassent, et à moins qu'ils mentent effrontément, vous retrouverez dans leurs dépositions, la Vérité que je viens de vous mettre à nu ; elle sera seulement plus ou moins camouflée, plus ou moins maquillée.

Je connais la psychologie de mes « Poilus Auvergnats » du 98e auxquels je m'était profondément attaché, comme un père de famille connait celle de ses enfants. Chez tous les témoins à décharge, ayant participé au premier crime du 7 Octobre 1914, qui ne seront pas guidés par un sentiment de haine contre moi ou contre l'armée, il y aura, au fond du cœur, à côté du désir naturel d'atténuer, le plus possible, leur faute à eux, un sentiment de pitié et de commisération pour Chapelant qui a été, en partie, châtié pour les avoir écoutés.

Mais le Code militaire ne peut pas tenir compte de cette sentimentalité. Il y va du salut commun, surtout, dans des circonstances aussi tragiques pour la Patrie que celles d'Octobre 1914 au Bois des Loges.

Et dans ces circonstances surtout, le Devoir et l'Honneur de Chapelant, non seulement son Devoir et son Honneur militaires, mais son Devoir et son Honneur de Patriote, exigeaient impérieusement de lui qu'il imposât sa volonté à ses inférieurs pour les empêcher d'abandonner leur tranchée et de passer à l'ennemi, au lieu de subir leur volonté pour accomplir ce crime avec eux.

Quant au second crime commis par le sous-lieutenant Chapelant, seul, 2 h. 1/2 après le premier, il est tellement monstrueux pour un officier Français que je l'ai toujours vu, jusqu'à présent, soulever la réprobation et l'indignation unanimes.

Oran, le 19 Janvier 1923.
Général L. DIDIER.

FIN